◎连续多年雄踞教育类畅销书榜，深受学生好评！
◎轰动韩国，把孩子培养成优等生的学习指导法，被家长誉为“教育方法的革命”！
◎子女教育的真正主导者，应该是父母与家庭，而非学校老师或者是辅导班。

四年级(10岁)

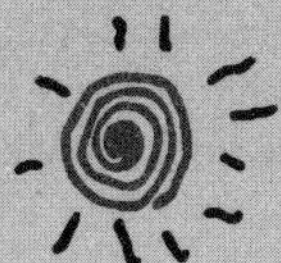

决定孩子

一生的成绩

[韩] 金康一 金明玉 / 著 薛舟 徐丽红 / 译

中国传媒大学出版社
·北京·

图书在版编目(CIP)数据

四年级（10岁）决定孩子一生的成绩 /（韩）金康一，金明玉著；薛舟，徐丽红译 . -- 北京：中国传媒大学出版社，2010. 6（2025.4 重印）
ISBN 978-7-81127-902-3

Ⅰ. 四⋯ Ⅱ. ①金⋯ ②金⋯ ③薛⋯ ④徐⋯ Ⅲ. ①家庭教育 Ⅳ. G78

中国版本图书馆CIP数据核字(2010)第064949号

四年级(10岁)决定孩子一生的成绩

SI NIANJI (SHI SUI) JUEDING HAIZI YISHENG DE CHENGJI

著　　者　[韩] 金康一　金明玉
译　　者　薛　舟　徐丽红
策　　划　北京今日今中图书销售中心
责任编辑　欧丽娜
封面设计　北京今日今中图书销售中心
责任印制　李志鹏

出版发行　中国传媒大学出版社
社　　址　北京市朝阳区定福庄东街 1 号　　**邮　　编**　100024
电　　话　86-10-65450528　65450532　　**传　　真**　65779405
网　　址　http://cucp.cuc.edu.cn
经　　销　全国新华书店

印　　刷　北京荣泰印刷有限公司
开　　本　787mm × 1092mm　1/16
印　　张　11
字　　数　157 千字
版　　次　2010 年 6 月第 1 版
印　　次　2025 年 4 月第 3 次印刷

书　　号　ISBN 978-7-81127-902-3　　**定　　价**　22.00 元

本社法律顾问：北京嘉润律师事务所　郭建平

读者书评摘录

书中提供了大量富有实践性的生动事例，这是其他教育学书籍中很难见到的，令人受益匪浅。遗憾的是这本书为什么现在才出版。不过也很幸运了。我的孩子刚读小学四年级，现在我似乎可以充分理解和教育他了。

——jmullee

我一个人读这本书感觉太可惜了，所以我极力向邻居和朋友们推荐。令人遗憾的是，如果在孩子上四年级之前碰到这本书该有多好啊。不过我也觉得很感激，终究还是遇到了这本书。我决定重新开始，首先指导孩子写日记。为了培养有自学潜力的孩子，大韩民国的妈妈们，加油啊！

——bissanty

我郑重推荐，凡是有孩子的父母都应该看看这本书。信息量大就不用说了，更有许多已经得到验证和认可的育儿和培养子女学习潜力方面的优质内容，怎能不被它深深吸引呢？

——yammy008

这是个教育目的和方法无比混沌的时代，我们的子女因而备受煎熬，所以我认为这本书来得很及时。尤为可贵的是作者充分理解小学生教育的目的，向读者介绍了丰富的方法，证明了尊重个体的方式在教育上的成功。通过坦诚的事例，我们完全能够理解作者为素质教育而上下求索的良苦用心。

——kbs0828

我的孩子已经读高年级了，有些担心不适用，买回来读完之后，发现这本书按照科目进行详细的指导，非常有帮助。

——尹笑善

文中列举的失败案例怎么和我对子女的教育、培养如此相似呢？我非常惊讶，这才恍然醒悟原来我真的错了。但后悔的念头转瞬即逝。虽然已经错过了起点，但是我仍决心培养出有潜力的孩子。如果您恰好是幼儿或低学年孩子的妈妈，我劝您务必读读这部父母的教科书。

——柳怡淑

内容和事例都很丰富，很方便妈妈们灵活运用。所有的妈妈们最好都来读读。

——鱼秀莲

本书让父母意识到那些容易被忽视的教育常识。原来我并不知道小学四年级竟然如此重要，现在孩子已经读三年级了，能够及时读到这本书我觉得还比较幸运。

——黄成龙

在这本书所有的学习方法当中，我最喜欢的就是编成歌曲唱出来那部分内容了。我那三年级的孩子都能背诵下来自己唱了。

——林含晶

我们家孩子正在读一年级，对于如何引导他学习，我偶尔还有些茫然。但是读完这本书之后，我感觉豁然开朗了。

——柳宗烈

我也教过学生，感觉书中很多内容都和我的心得一致，原来我一直都在实践书中的内容。各位妈妈最好能读一读。

——洪京淑

我经常把这本书放在包里，每天都在路上读。好像只有这样才能不断坚定我对孩子的态度。这不是那种看一遍就放下的书。如果哪位妈妈还在犹豫要不要买，我建议您一定要买下来。

——金贞雅

关于子女教育的书虽然已经不少了，但是这本书在语文、英语、数学、社会、科学等各方面都提出了具体的方法，读来很有效果。家里有小学生的妈妈们一定要读一读。

——金贞姬

作者接触过很多孩子，所以书中收录了很多简单易懂的事例，这点非常好。如果低学年学生的家长能够早些读到这本书并且付诸实践，相信会受益良多。我的孩子正好是四年级，读了之后，感觉非常满意。

——朴洪锡

这本书让我切实感觉到凡事最好提前做好充分准备。虽然我的孩子才上一年级，但是我对教育非常关注，提前读过之后感觉非常好。正如书中提到的那样，这是一本值得收藏的好书。读一本好书胜过听十句好话。

——郑汝善

四年级第二学期的数学难度提高了，关于应该以何种方式启发孩子去理解，这本书给了我很好的办法。另外，利用假期进行主题学习以便为下学期做准备的部分我们正在实践当中，很有同感。

——金贤周

这是我唯一一本边读边做笔记的书。

——尹美英

内容详尽，且分门别类，非常有用。我正在针对孩子喜欢和擅长的科目进行实践。以前我只是让他不停地解答习题，直到孩子产生了厌倦情绪，而现在好像越来越有兴趣了。想到下班后和孩子一起学习，我也有些激动了。

——金承惠

经朋友介绍，我读到了这本书。我们家最小的孩子已经五年级了，虽然感觉稍微晚了点儿，但是这本书也促使我下定了决心。如果你是个既担心孩子的学习，又不知道如何去做的妈妈，那么这本书值得你读。

——金春南

我是个七岁孩子的妈妈。我的心里一直在打鼓，不知道孩子上小学之后应该怎么办，现在我再也不会心神不安了，正在积极准备以自己的知识教育孩子，并且感觉自己有能力教好孩子，这让我非常满足。

——李英熙

我觉得这本书能给你充分的智慧，让你节省下不菲的教育费。

——郑美罗

我经营一家辅导班，我们的老师也非常喜欢这本书，都说很有同感。

——林成真

我们家大孩子上四年级了。读完这本书后，作为妈妈，我反省了很多很多。同时也感到很后悔，如果我能在孩子低学年阶段多加引导该多好啊。但是我又想到，亡羊补牢，犹未为晚，我还要重新挑战。因为我们家还有个正在读二年级的老二……我决定每天都带着这本书上班。为了提醒自己不要忘记，永远保持清醒……

——郭霑雅

我正为自己培养孩子的方式是否正确而苦恼不已。看了这本书之后，我再次坚定了信心，深感这是一条培养孩子成才的捷径。

——郑美花

小学生的父母们似乎都应该读一读这本书……如果您已经是初中生的父母了，恐怕会后悔为什么没能早点儿读到它呢……

——李熙贞

我们家的孩子读四年级了，这本书让我领悟到，为了让孩子的学习态度更积极，我们的一言一行都要小心谨慎。

——安善姬

我会无条件照做的。

——朴熙右

我想，我们能够赠予孩子的爱并不是买他想要的东西，而是关心。这本书恰好向我们揭示了体现这种爱心的方法。这是一本非常有用的书。我一口气读完之后，领悟到什么才是作为父母必须要做的事情。

——金圭南

虽然大家都说低学年的学习习惯至关重要，但是如何操作却不甚了了，通过这本书我懂得了很多。别的书里更多的是现实中很难应用的理论，这本书却有很多具体的内容，这点非常好。现在，我正在小学二年级的孩子身上实践。

——柳善美

读过这本书，我体会到了自身的问题出在哪儿。虽然不易改正，但是我会努力去做。

——juhan1026

我对书中的内容很有同感。我舍不得把这本书借给别人，所以我总是劝朋友们也买一本。最重要的是我们作为妈妈需要做的事情好像很多，尤其是我们国家需要大量的人才。

——moonyoung110

阅读本书，叫人难掩兴奋之情。

——actober10

翻到最后一页，还是爱不释手。我觉得这就是我想要的。实在想不到一本书竟然成了我的希望……

——eh4es

今天在书店里拿起这本书的瞬间，我就再也放不下了。我是个有很多欠缺的妈妈，这本书里的文字却给了我信心，我也从中得到了很多帮助。不论对我，还是对孩子，崭新的生活即将开始了。

——swim3426

目录

推荐序 热情和素质教育的硕果 /1

前言 写给为子女学习问题而苦恼的家长们 /4

第一章 四年级决定孩子的一生

很多父母都不知道时机的重要性。正如投资需要恰当的时机，学习的时机也同样重要。尤其是小学四年级阶段，更是决定学习优劣的重要时期。就像马拉松比赛，领先集团早已经跑过了10公里，而你才起步不久。这种情况下，若想追赶领先集团几乎是不可能的事情。孩子之间从四年级开始就已经有了优劣之分，只是父母不知道罢了。

1. 最关键的时期，小学四年级 /3

四年级，不安的开始 /3

从小学四年级开始取得成功的孩子 /4

错过小学四年级，令人惋惜的孩子 /6

“大学决定于小学四年级”/7

为什么是小学四年级？ /9
孩子不知道时机的重要性 /12
您的孩子状态怎么样？ /13

2. 有潜力的孩子学习好 /17
好成绩不会唾手可得 /17
潜力比学习技巧更重要 /19
学习潜力怎样开发？ /20
学习潜力的三要素——耐心、集中力、热情 /22
学习潜力由父母造就 /24

第二章 培养孩子成为优等生的指导方法

虽然学习指导书数不胜数，但是很难找到适合自己孩子的水准，并且直接就能使用的书。本章通过实例分析，详尽地介绍了利于家长理解和掌握的学习指导方法。这是家长们不可错过，而且在别处无法学到的秘诀。

1. 妈妈经纪人 /29
孩子也需要经纪人 /29
妈妈是演员 /31
每天至少陪伴孩子 30 分钟 /33
确定目标，然后实践 /33
帮助孩子养成查找资料的习惯 /34
培养孩子十年如一日的恒心 /35

2. 系好第一颗纽扣——抓住日记本 /36
妈妈的激动之情 /36
专注一件事，多写感想 /37
为什么要写日记？ /39
从孩子的想法里寻找素材 /40
丰富日记的形式 /42

3. 怎样培养爱读书的孩子？ /45
亲近书籍阶段 /45
看书想象阶段 /46
给孩子读书阶段 /47
一起读书阶段 /47
独立阅读阶段 /48
指导孩子读书需要注意的几点 /49

4. 优等生的第一步从读书笔记开始 /52
读书笔记使读书成为习惯 /52
第一阶段：抄写书名 /53
第二阶段：制作读书清单，简单记录感受 /54
第三阶段：概括有趣的部分 /54
第四阶段：概括全书内容 /56
第五阶段：寻找文章主题 /57
第六阶段：评论 /58
第七阶段：丰富读后感的形式 /60
指导读书笔记时需要注意的几点 /63

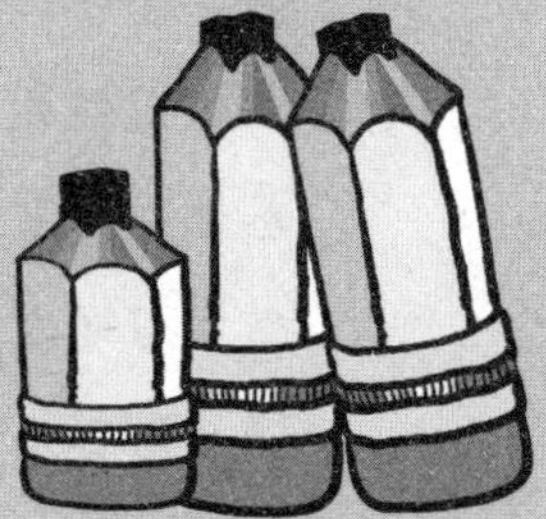

5. 作业和查资料，自学指南 /65
作业应该摆在学习的第一位 /65
父母把握方向，孩子独立完成作业 /66
作业和查找资料，培养自学能力 /69
到哪儿找资料？ /70

6. 整理笔记等于积攒宝物 /74
整理笔记的技巧 /74
整理错误笔记 /76
草稿本也要整理保存 /78
制作自己的词汇库 /79

7. 语文是思考力的基础 /81
听 /82
说 /83
读和写 /84
语文最难取得好分数吗？ /85
与伙伴合作的问答式语文学习 /87

8. 数学是一切学习的基础 /89
数学为什么重要 /89
数学是链式学习 /90
尽快接好断开的链子 /91
解答习题之前，首先理解概念和原理 /92
通过解答多种题型提高能力 /93

提前学习，应该怎样进行？ /96
高年级数学基础仍不牢固该怎么办？ /97

9. 背起行囊，学习社会 /99
社会是螺旋式学习 /99
社会为什么得不到高分？ /99
通过亲身体验学习社会 /101
主题学术旅行应该这样 /102
这样学习社会更容易、更有趣 /105

10. 科学，为思考插上翅膀 /110
科学是不同领域的深化学习 /110
多看多体会是学习科学的捷径 /111
科学实验工具 /114
分阶段征服科学 /115

11. 英语不是学习，而是练习 /120
英语万能社会 /120
关于英语教育环境的几点思考 /122
首先需要有趣的开端 /123
英语实力同样来自阅读 /124
使用故事书进行听说练习 /125
使用阅读教材进行听说练习 /128
关于语法 /129

第三章 培养孩子的学习潜力

学习潜力应该如何培养？本章提示了培养学习潜力的三要素，也就是热情、耐心和集中力。如果说生动鲜活的学习指导法是微观方法论，那么学习潜力的培养则是本质的子女教育论。如果说学习指导法是日常菜单，那么学习潜力的培养就是支撑子女健康的补药。

1. 让孩子拥有梦想 /133

孩子在梦想中成长 /133

从孩子喜欢的事情入手 /134

告诉孩子丰富多彩的职业世界 /136

引导孩子和自己而不是和别人比较 /137

赞美带来自信和成就感 /137

2. 培养热爱学习的孩子 /140

养成学习习惯的孩子 /140

制订每日计划表并付诸实践 /141

实践每日计划的四个原则 /142

3. 营造适合学习的环境 /144

电视影响学习 /144

电视剥夺孩子思考的能力 /145

电视是视觉毒品 /146

实践关闭电视的方法 /147

和游戏的战争 /149

4. 品行端正的孩子学习好 /152
剪枝的必要性 /152
“做好人”比“学习好”更重要 /154
能量守恒定律同样适用于子女教育 /154

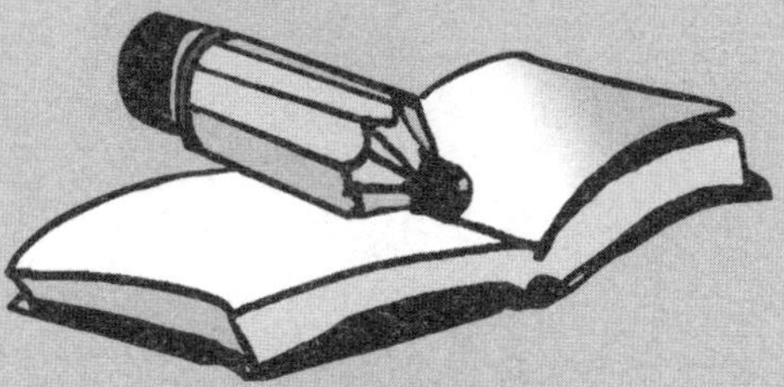

推荐序

热情和素质教育的硕果

经孩子朋友的妈妈介绍，我前往学校去托付我们家的正贤，从此便认识了两位老师。聪明的正贤从小到大人见人夸，但是进入小学之后却变得非常散漫。三年级送他去学小提琴和美术，结果学习班的老师也说教不了，甚至给送了回来。因为他扰乱课堂纪律，让老师忍无可忍了。

恰在此时，我们正在筹备开办医院的事，几乎无暇顾及孩子，只是让他多做英语和数学习题。但是孩子痴迷于电脑游戏，浪费了很多时间，也没有养成良好的学习习惯，从未见到他主动学习过。

自从遇到金康一和金明玉两位老师之后，孩子的学习态度在一年间发生了180度的转变，开始主动学习了。过了两年升入初中之后，孩子完全变成了优等生。现在，孩子获得了京畿道教育厅“推荐接受科学英才教育”的荣誉，在校成绩也名列前茅。

成绩固然重要，然而更重要的是孩子懂事了，不仅能和父母友好交流，而且在同学中间也很受欢迎，经常得到老师的表扬。这是两位老师的热情和素质教育结出的硕果。

初中一年级备考的时候，孩子还要求我，“妈妈，你在这儿陪着我，帮我答题……”升入二年级之后，孩子则对旁边打瞌睡的我说：“妈妈，我没事的，你快去睡觉吧。”孩子虽然这样说，但是再疲倦也要陪伴在孩子旁边，似乎是父母的共性吧。

所有的父母都希望自己的孩子学习出色，然而很多人都不知道如何指导孩子学习，因此在教育中频频失误。

这不是一本站在老师的教学立场上写的书，而是从孩子的监护人——父母的立场出发，所以家长们很容易产生共鸣。世界上哪有不望子成龙、望女成凤的父母呢？只是很多时候方法不对罢了。对于这样的父母来说，这本书的确很有必要。

书里的内容也很有现实意义，收录了很多发生在孩子和父母之间的生动故事，不仅向读者提供了具体的帮助，而且读起来很有趣味。阅读这本书的时候，你会经常情不自禁地产生共鸣：“对啊，这简直就是我们家的事！”

写作这本书的两位老师在学习指导方面具有非常卓越的才能，只用一两年的时间便将原本学习处于下游的孩子培养成了成绩优异的孩子。关于如何指导孩子学习，相信读者朋友们可以从中获得别的地方很难找到的生动诀窍。另外，这不是那种看过一遍就丢掉的书，而是插在书架上随时翻阅随时都有帮助的学习指导书。

遇到这本书的读者无疑是幸运的。如果你读完之后付诸实践，对孩子稍加留意，你的孩子就会结出比我家孩子更丰硕的果实。虽然经常想要感谢两位老师，无奈文笔拙劣，言不尽意。

院长老师，您曾经答应，如果我们孩子去参军的话，您会亲自做打糕为他送行，还记得吗？

最后，我们正贤还有话要说呢。

“老师，‘玩就高高兴兴地玩，学就踏踏实实地学’，这句话我太喜欢了！”

金英洙，崔熙荣

●爸爸金英洙在安山市经营皮肤泌尿专科医院，妈妈崔熙荣主管附属皮肤科，膝下共有正贤（初二）、惠茵（小学六年级）、民宰（5岁）三个孩子。

前　言

写给为子女学习问题而苦恼的家长们

培养孩子的过程中，经常会碰到意想不到的情况：明明有重要的作业，孩子却直到上学前10分钟才哭丧着脸说出来，或者把当天的日记拖到半夜12点才去写。这些孩子的确令父母备感心痛。

虽然每个父母都想好好培养自己的孩子，但是教育第一个孩子对于每个人来说都只是初次尝试，所以很多时候父母们都显得无所适从。我们也不例外，对第一个孩子总是心怀歉疚。回望岁月，难免留下这样的遗憾："唉，竟然还有这样的方法啊。原来只要稍微用心，孩子就能轻松快乐地学习了……"

我们根据十余年的教育经验和平凡父母培养两个孩子的实例，创作了这本书，初衷就是和读者朋友们分担教育实践当中的苦闷和烦恼。书中的故事大部分来自于我们家的两个孩子，也包括过去我们指导过的孩子们。这里面既有从前只看漫画书的孩子到后来废寝忘食读书的故事，也有看到作业便头痛的孩子后来不用父母帮助就能轻松完成作业的故事，还有最初连完成一页日记都困难的孩子后来在作文大赛中获奖的故事。总之，这本书里汇集了善于自学的孩子们的故事。如果不是亲自施教，如果不是切身体会到对子女教育深感困惑的父母的所言所感，那么我们绝对编写不出这样的故事。

过去我们凭借火热的激情去教育孩子，亲眼目睹了曾经沉湎游戏无法自拔的孩子忽然变成了优等生，坐在书桌前坚持不了10分钟的孩子最终获得了第一名，以及平均分不到50分的孩子甚至获得了全校第一名等种种事例。最重要的是我们见证了事事消极的孩子脱胎换骨，变成了充满自信的学生，于是我们逐渐对自己实践的方法产生了信心。每个孩子都拥有无限的可能，孩子的学习取决于父母，这是我们切身的体会。

世界上没有不爱孩子的父母，然而我们也看到有很多父母不懂得教育孩子，不能很好地引导子女的人生之路，这是多么令人遗憾啊！我们写作这本书，就是为了减少这种遗憾，告诉大家应该如何指导子女的学习。本书既不是“如此施教”之类的教育随笔，也不是著名教育学家的教育学概论。尽管那样的著作对于父母也很有帮助，但是我们认为，如今更迫切需要的还是具体的、可操作的方法，而不是抽象的理论。本书正是这种想法的产物，通过生动感人的成功事例，提出具体的实践方法。

无条件地向孩子传授和灌输知识不会取得好的效果。如果孩子没有事先准备好接受知识的容器，或者容器被破坏，那么知识的传授也就成了单方面履行的义务，而与孩子本身无关了。因此，我们首先应该从为孩子打造容器着手。所谓容器的打造就是以拥有自学能力的孩子为目标，培养以理解力、思考力、表现力为代表的智力和以热情、学习习惯、集中力为代表的实践力。

随着快餐食品的流行，人们不知不觉间忘记了做饭的方法。学习也是这样，如果孩子习惯了填鸭式的教育方式，那就不会自学了。于是，我们首先应教孩子如何往自己的容器里装填知识的方法。自己会学习的孩子和被动学习的孩子有着天壤之别。对于学习而言，最重要的地方就在于此，每次遇到只知道盯着眼前的成绩单，却分不清现象和本质的家长，都会让人忍不住扼腕叹息。

学习也有时机。我见过很多孩子，如果能够提前开始，尤其是不要错过小学四年级阶段，肯定能够取得非常优异的成绩。错过了这个时机便会经受很多困难。如果你的孩子已经是五年级或六年级的学生了，那么作为家长必须对子女的状态进行把握和调整。孩子是否能跟上目前的教学进度？是否应该重新塑造孩子的容器？家长必须作出准确的判断，并采取有效的措施。如果孩子还处于低年级，也千万不要以为时间尚早而听之任之。

老师的作用就是使学生更容易地理解所学知识。父母的作用在于教给孩子学习方法，并且帮助孩子付诸实践。子女教育的主体不是老师，不是学校，也不是国家。无论别人说什么，这个主体还是父母和家庭。现在，父母应该回归子女教育的主体身份，发挥应有的作用。衷心希望这本书能够为那些渴望指导好孩子的学习，却又苦于不懂方法的父母们提供一些帮助。

韩国学习潜力开发院　金康一，金明玉

第一章

四年级 决定孩子的一生

1 最关键的时期，小学四年级

四年级，不安的开始

孩子升入小学四年级之后，父母便开始隐约地感到不安了。低学年阶段即使没有特别的预习和复习，仅仅凭借幼儿园里学来的东西也足以应付考试。所以说，低学年的学习体现不出优劣之分。

但是，四年级是高学年的开始，这时候要考虑初、高中的升学问题，父母心里也多了份担忧，现在要不要多多督促孩子学习呢。经历过这一阶段的家长会说“四年级很重要”。甚至有的父母还会特别强调说“四年级真的太重要了”！

升入四年级之后，因为课程难度的加深，孩子也开始感觉到学习上的压力。从前让孩子尽情玩耍的家长们也纷纷送孩子参加辅导班了。到了四年级，小区里甚至很难找到一起玩的孩子，作为父母也别无选择。如果孩子开始参加辅导班，那么父母的不安情绪就会得以缓解。

等到孩子小学毕业的时候，父母的不安再度来临。只要再过 6 年，孩子面对的就是大学的窄门，而且感觉也不再遥远。进入初中还要面临分班考试，这时父母的不安感更会成倍增加。分班考试是孩子们获得评比的第一次考试。因为小学阶段并不进行排名，虽然知道分数，但是不知道孩子的名次。

大部分父母看了分班考试的结果都会深感震惊。

“我的孩子学习相当不错，怎么会在班里排第30名呢？”“原来以为孩子会排在中间，怎么也不相信会是倒数第5。”

这时，即使知道了孩子的实力，匆匆忙忙准备对策，无奈已经来不及了。当然，从漫长的人生旅程来看，如果从现在开始努力，未必就追赶不上。但是，并不具备基本实力的孩子和优等生竞争，好比初学跑步的人和田径选手竞争，结果可想而知。就像马拉松比赛，领先集团早已跑了10公里，而你才起步不久。这种情况下，若想追赶领先集团几乎是不可能的事情。从四年级开始孩子之间就已经有了优劣之分，只是父母不知道罢了。

从小学四年级开始取得成功的孩子

第一次见到秀珍是在她升入四年级之后不久的春天。

表面上看，秀珍的学习态度好像没什么问题。作业能按时完成，到了学习时间则乖乖地坐在书桌前。但是，她在学校的考试成绩从来没有超过70分。如果留心观察，就会发现秀珍的问题不在于学习时间，而在于学习方法。

她不是在正确理解概念和原理的基础上学习，而是通过死记硬背来解答问题。对于指定的学习时间，她无论如何都会坚持忍耐，学习结束后则立刻把铅笔放进笔筒，书桌也收拾得干干净净。此时早已约好的朋友会在门外发出信号，让她快点儿出来，而秀珍犹如脱弦之箭般冲向朋友，半分钟也不停留。看着这样的孩子，父母既不能责备，也不能放任不管。

从那以后，我们对秀珍的学习方式作出了调整，重点不放在学习时间上，而是为她确定学习的量，并要求她完成。但是这个办法依然没能收到良好的效果。她总是急于完成任务，然后跑出去跟朋友玩。秀珍的学习方式就像走过场，敷衍了事。看来她的学习还应该改变策略。

这次不管学习时间和学习量，只要出现错误务必弄清楚，然后才可以出去玩。功夫不负苦心人，这种方法很适合秀珍。我们从分析为什么会出错开始，结果表明，这些问题秀珍都会做，出错的原因就是马虎。所以，首先考虑问题的要求，碰到长句子就拆开来多读几遍，如果还不懂就去查阅参考书。然后制作错误笔记，进行全面认真的整理，再向同学讲解自己整理的内容。对于没有基础的同学，我们让秀珍直接从概念开始讲起。

从此以后，秀珍的态度发生了转变。到了四年级第二学期，秀珍的平均分已经超过了 80 分，五年级则保持在 80 分到 85 分之间，六年级已经达到了 95 分左右，傲然跻身于优等生的行列。初中一年级第一学期的期中考试，秀珍的平均分达到了 98 分，获得了全年级第一名的好成绩。

看到孩子的成绩稳步提高，秀珍的父母当然很高兴，不过最重要的是原来只知道混时间的孩子现在知道努力学习了，这种态度更让他们满意。

遇见承周也是在他四年级的时候。承周在班里位居下游，平均分不到 50 分。学习成绩暂且不说，他最大的问题是注意力集中不起来，甚至在书桌前坐不到 10 分钟。因此，我们首先以趣味学习做引导，促使他集中注意力，同时增强他的理解能力和计算能力。

大约一年以后，承周的注意力能集中到一个小时以上了。四年级第二学期的期末考试，他的考试成绩比学年初提高了差不多 10 分，孩子非常高兴。再也听不到别人说自己是倒数第几名了，这让承周比考了第一名的同学还要得意。

因为提高了 10 分，承周对学习更有兴趣了。后来，承周变成了能够主动学习的孩子。五年级的时候，他已经进入中上游的水平。到了六年级，他终于名列前茅了。现在，六年级的承周已经成了模范生，学习认真，而且对自己充满了信心。

即便是曾经落后的孩子，如果从四年级开始起步，完全可以变成学习优秀的孩子，这是我们从秀珍和承周的身上印证的事实。

错过小学四年级，令人惋惜的孩子

六年级的基荣完全没有学习基础，而且沉湎游戏，根本听不进老师的劝告。在课堂上，他在笔记本上画游戏机，脑子里想的全是游戏。

我去基荣家看过之后不能不深感惊讶。尽管父母也不希望基荣沉湎于电脑游戏，然而他们家的每个房间里都有电脑。一个是爸爸办公的电脑，一个是基荣的，还有一个是弟弟的，总共是 3 台。我这才明白为什么基荣如此酷爱游戏了。虽然书架上也摆放着很多书籍，却都是与孩子阅读年龄毫不相符的长篇小说或文字密如芝麻的伟人传记丛书。客厅里的大电视和柔软的沙发也在时刻召唤着家人。

现在的问题不是学习，当务之急是摆脱电脑游戏。我指出因为家庭环境的影响，孩子很难摆脱游戏，于是基荣的妈妈不仅愉快地接受了我的建议，而且果断地改变了家中的布局。电视从客厅挪到了卧室，两台电脑被处理掉了，仅保留客厅那一台。面对这样的变化，在开始的几天里基荣似乎能埋头学习了。但要完全戒掉游戏也很困难，于是他苦苦哀求妈妈，每天只玩一个小时。“不行。”“就一个小时。”“那也不行。”“求求你了。”与子女作战，哪有赢得胜利的父母呢。结果，基荣战胜了妈妈。

这样过了 6 个月，已经到了 10 月中旬，再过两个月就要成为中学生了[①]，而基荣的学习态度没有丝毫改观，反而越来越沉湎于游戏。这时，大家都必须作出决断了：或者干脆选择职业游戏玩家的方向，或者是在学习上做最后一搏。然而孩子毕竟不是机器，他正处于敏感的青春期，所以还要处理得富有智慧。我们采取的方式是“每天和妈妈完成一项作业”。作业的主题如下：

星期一：跟着妈妈逛市场

①韩国的新学年从 1 月份开始。——译注

星期二：和家人打羽毛球

星期三：和妈妈做片儿汤

星期四：和家人到乒乓球场打比赛

星期五：和爸爸下围棋

星期六：和家人一起登山

这里还加了一项作业，就是每天去图书馆借阅适合基荣阅读的图书。追加这项作业的初衷是培养孩子积极学习的心态，也是为了治疗他的游戏瘾。如果从别的事情中获得了更大的乐趣，游戏瘾就可以治愈，这是笔者的切身体验。

一个月来，基荣和家人很认真地完成了这些作业，效果非常显著。基荣逐渐离开了游戏机，而且对妈妈每天借来的图书也产生了兴趣。两个月之后，也就是到了12月中旬的期末考试，基荣的社会和科学成绩提高了20～30分，数学和语文成绩也提高了10分左右。

后来升入初中，基荣已经远离了电脑游戏，彻底变成了热爱学习的孩子。不过遗憾的是，他的目标暂时还不能是优等生。对于基础非常重要的数学、语文，他和优等生的差距不小，要想缩小差距还很难。

现在想起基荣，我还是情不自禁地感到惋惜。如果不是在六年级而是在四年级的时候遇见这个孩子，也许就能取得更好的成果，这样的想法我总是挥之不去。通过以上这些孩子的事例可以看出时间的重要性。因为基荣比秀珍和承周缺少的就是时间。

“大学决定于小学四年级”

小学四年级在孩子的人生和学习当中究竟有多重要，相信很多父母都或多或少地有些了解，但是细究起来却又不甚了然。稍微夸张点儿，我们甚至可以这样说："大学决定于小学四年级。"当然，有的父母肯定会不以为然，"不会吧，四年级固然重要，可是怎么会影响到大学……"现在，我更加坚定自己的看法，因为迄今为止我教过很多孩子，已经充分证明了这一点。如果父母希望自己的孩子学习优秀，那么我也希望您能认识到四年级的重要性。

请父母们回忆自己的童年时代，想想同学之间从什么时候开始明显地表现出学习上的优劣之分。如果周围有考入名牌大学的朋友，不妨再想想你从什么时候开始听别人说这位朋友学习很好了。事实上，小学低年级的水平很难说成是孩子的水平。有的老师甚至认为，小学低年级的学习实力几乎完全取决于父母的关心和影响。因为学习内容不难，只要父母稍微用心，孩子的成绩就会很好。

但是，高学年就不同了。因为学习难度增加了，父母也不可能做到细致全面的辅导。从这时开始，学习好的孩子和学习差的孩子便会逐渐区分开来。要想在这个时期占据优势，需要付出艰苦的努力和大量的时间。所以说，小学四年级确实非常重要。

从小学四年级开始，学习的优劣便决定了，这一点通过研究调查也可以得到验证。1998 年 12 月，韩国教育课程评价院发表了《学习落后儿童的指导程序开发研究》，结论便是学习落后得以深刻体现的开始时期正是小学四年级。尽管学习落后儿童的调查以初、高中学校老师为对象，然而面对学习落后表现时期的问题，竟有 46.9% 的受访者回答说是"四年级"。这个结果表明，学生之间正式体现出优劣之分正是从小学高年级的开端，也就是四年级开始的。

学习落后现象表现突出的时期

区分	频率	比例（%）
一年级	20	8.2
二年级	38	15.5
三年级	39	15.9
四年级	115	46.9
五年级	13	5.3
六年级	2	0.8
无应答	18	7.3
总计	245	100.0

（韩国教育课程评价院　资料）

学习好的孩子和学习差的孩子在学习面貌上会表现出天壤之别。单以数学这一科目而论，优等生的四则运算能力非常扎实，如果理解了教科书中的基本概念，那么应用题也能得心应手地解答出来。因为平时读书较多，语文课上也能迅速把握文章脉络，很快就能弄懂主题。英语也是如此，简单的会话就不用说了，即使英文小说也很容易读懂。学习新东西也总是满怀信心。

但是，学习不好的孩子们单从书包里面就能看出差异来。打开他们的书包，你会发现文具盒失踪已久了，散落的铅笔三三两两地铺在书本下面。学校下发的家长通知书皱巴巴地隐藏在课本和笔记本之间。摘抄本原封不动，作业和学习用品都没有整理。尽管已经是四年级学生了，然而写一页日记还是很困难。如果基本课程中稍微涉及数学问题，则根本不知所措，干脆就放弃了。

为什么是小学四年级？

为什么从小学四年级开始出现如此巨大的反差呢？前面已经提过了，教学课程的深化是最大的原因。就拿语文来说吧，三年级之前大部分都是针对单纯的感受提出问题，但是从四年级开始就要求整理自己的想法，并按照要求予以表述。还要学习区分诗歌、童话、说明文、议论文等文体种类，并比较它们之间的区别。另外，为了弄懂词汇概念的学习内容也越来越多。阅读量小的孩子词汇量不够，学习语文也像学外语。因为概念理解也是理解数学、社会和科学等科目的必需条件，所以其他科目的学习也会很困难。

数学也是如此。单以运算领域而言，三年级为了理解分数的概念，主要以日常生活为素材，比如“如果有四个人分吃面包，把 1 分成 4 份，就是四分之一”，然而进入四年级之后就要学习以抽象概念为前提的内容，比如分数的加减混合运算，以及小数的加减等。

社会课难度的增加也是因为出现了阅读地图。从四年级开始，阅读地图、比例尺等内容纷纷出现，还要学习等高线和断面的内容。这些知识并非止步于四年级，升入初中之后还会继续深化。小学四年级打不好基础的孩子升入初中之后处处碰壁也就在所难免了。因为从小学四年级开始，抽象性和逻辑性的学习越来越深入，学习潜力不够的孩子只能落伍。

就算四年级落后了，难道五、六年级就不能赶上吗？诚然，这也不是绝对不可能的事情，而且也确实存在这样的例子。事实上，孩子因为脑子笨而学习落后的情况几乎没有。问题在于时间。若要补充学习原本欠缺的注意力、理解力和计算力，这些都需要时间。孩子毕竟不是机器，不可能像机器那样，只要按下“从今天开始好好学习！”的按钮，就能不停不歇地运转。因为升入高学年，父母督促孩子学习的心情变得急躁，但是集中注意力、拓宽词汇量、培养运算能力都需要大量的时间。对于学习基础不牢的孩子，单是改变过去的坏习惯就得要一两年的时间。这期间，学校的进度当然不会因为某个孩子的个人原因而止步不前。因此，基础不好的五六年级学生们只能快马加鞭，改变习惯、夯实基础、追赶进度。前面提到的基荣的例子已经说明了这点。所以说至少要从四年级开始。

过了四年级，正好进入孩子的青春期，这就更难了。很多父母都反映，低年级的时候听话乖顺的孩子进入高年级之后变得叛逆了。孩子在言语行动上表现出叛逆倾向是情绪发展中不可避免的阶段。孩子叛逆未必就让人担忧，孩子乖顺也未必就让人放心。但是，这个时期的孩子变得非常敏感，想要让孩子养成好的学习习惯是非常困难的事情，必须小心翼翼才行。站在父母的角度来看，正式进入青春期之前的小学四年级是养成良好学习习惯的绝佳时期。

如果不能在四年级养成良好的学习习惯，那么随着孩子逐渐步入青春期，就会出现与朋友胡混的现象。比如说深更半夜出入网吧和 KTV 歌厅之类的场所，或者是大白天聚集在父母不在家的朋友家里胡作非为，这时候就不仅仅是学习的问题了。“你不要去什么什么地方”、“你不要逃课好好上辅导班”，这样跟孩子争斗的结果只能令父母精疲力竭，希望孩子学习出色更是奢望了。

既然与父母无法沟通，那又怎么能指望孩子养成良好的学习习惯呢？因此，青春期之前必须养成好习惯。如果您的孩子现在正读四年级，那么请您务必牢牢记住，这是养成良好学习习惯的最后机会。如何度过四年级将决定孩子一生的命运。

四年级的重要性也可以通过科学来解释。根据最新的脑科学研究成果，人类大脑的发展需要经历三个阶段，前两个阶段由遗传决定，几乎不受外部环境的影响。但是，第三个阶段受周边环境的影响非常之大，可以说是“决定性的时期”。人类的决定性时期基本上在 12 岁左右完成，这个时期过后，体现大脑活跃性的神经突触再也不会连接了。也就是说，大脑的硬件在决定性时期便彻底形成了（《学习革命》，金东植著）。

很多趣闻轶事都可以证明人类存在着决定性时期，最广为人知的应该是被遗弃在森林里和动物一起长大的孩子了。尽管后来这个孩子被人发现，得以重新回归人类社会，然而他已经永远不会开口说话，永远学不会人类的语言了。因为他在决定性时期完全接触不到人类的语言，负责语言的突触联系逐渐弱化，最终消失了。

决定性时期尚未结束的儿童大脑就像僵硬之前的松软泥土，所有的学习都将成为塑造大脑的过程。无论学习什么，崭新的突触联系网就会随之形成。

对于孩子来说，“学习”也就意味着塑造孩子的大脑。所以在大脑逐渐定型的 12 岁之前，应该通过丰富的体验和“学习”来刺激大脑，进行各种各样的思考活动。让孩子广泛涉猎各个领域，阅读图书、理解概念、逻辑推导、寻求解决问题的方法、讨论、写作、学习外语等，这些活动都很有必要。

我们为什么说至少要从小学四年级开始用上 1～2 年的时间积累实力，原因正在于此。如果错过了这个时期，早已定型且活力减弱的大脑只能被迫学习陌生的新知识了。

孩子不知道时机的重要性

少年易学老难成，
一寸光阴不可轻。
未觉池塘春草梦，
阶前梧叶已秋声。

上面这首诗是中国宋朝时期朱熹的《劝学诗》，恐怕这是最恰当地强调学习时机重要性的文字了。虽然这是写给正在学习的孩子们的诗，遗憾的是无论怎样解释，孩子们都不可能真正地理解其意义。只有孩子们到了作为父母给自己的孩子读这首诗的年纪，他们才能真正理解。结果，它就变成了写给大人的诗了。

由此可见，父母的作用非常重要。关于岁月的流逝，关于时间的重要性，孩子们懵懂无知。这是因为他们身处这段时间之中的缘故。这个道理就如同乘火车旅行的时候，火车里的人会忘记正在行进这个事实一样。

以上种种论证表明：学习成绩的优劣从小学四年级便开始确定了，而且学年越高越明显。如果您的孩子正在读四年级，那么现在必须正式开始实力的积累了。如果已经读五六年级了，那么必须针对孩子的状态作出准确的判断，是不是对现在的教学进度颇感吃力，是不是需要补充学习，这些都必须作出决定。如果不加判断，只是反复游走于各个辅导班，也许就要踏上不归路了。如果您的孩子还是小学低学年，那么也应该努力为孩子学习潜力的形成做好准备。

只要父母加以无微不至的关怀，帮助孩子养成良好的学习习惯，孩子就完全能够成长为学习出色的学生。但是千万不要忘记，学习也需要时机。

您的孩子状态怎么样?

为了诊断孩子的状态，现在我们来做个小测试。下面是我和学生家长初次见面商谈时采用的测试，目的是让父母自己动脑思考孩子正处于什么样的状态。当然了，这项测试不能将孩子的当前状态进行准确的数字化，只是帮助父母对孩子自学习惯的养成作出判断。

根据各种情形阅读孩子和父母的话语，然后在家庭常用话语前的□里打上√号。

情形 1：早晨起床

孩子的话	
□妈妈,书包整理好了吗? □给我钱买学习用品。 □给我今天的衣服。 □给我梳梳头。 □给我准备好袜子。	□妈妈，起床的时候放的是亨德尔的音乐，眼睛很自然地睁开了。 □早晨提前起床把作业都做完，下午时间就很充裕了，多好啊。 □早晨做完运动，吃饭特别香。请您再给我盛一碗饭吧。 □啊，今天请您到图书馆帮我借本关于生活在池塘周围的昆虫的书。最近我们要学习。

父母的话	
□要迟到了，赶快起床。 □作业做完了吗？ □书包都收拾好了吗？ □你穿的是什么呀，换上这件衣服再走。 □×××！你还有时间看电视啊？ □拖鞋呢？ □×××！你的朋友都在等着你呢。 □快点儿，快点儿。 □吃完饭快去上学。	□昨天晚上做了什么梦啊？ □你能行。今天继续加油！ □今天我儿子起床比爸爸都早呢！好吧，从明天开始爸爸也一起锻炼。 □哎呀，我女儿真漂亮。 □今天在学校里要用功哦。 □妈妈给你做好吃的炒年糕。

情形2：放学回家

孩子的话	
□玩30分钟游戏，我就去辅导班。 □我看完这个节目就把电视关掉。 □（打开冰箱门又关上）怎么什么吃的也没有啊？ □妈妈，你跟谁打电话啊？那个大婶叫什么？ □今天怎么总想上厕所？ □妈妈，习题纸都用完了，没法学习了。 □我想学习，可是一句也看不懂，学不下去。 □今天日记写什么呀？ □妈妈，作业都做完了，然后干什么？	□妈妈，今天有社会课作业，我查了百科全书，都完成了。 □我在学习数学，可是不懂这个。 □我背了英语单词，帮我检查吧。 □今天我读了有关蚂蚁的书，真有趣啊。我想跟弟弟一起出去找蚂蚁卵。 □我想知道地球内部是什么样子。我要去图书馆借有关地球的书。 □明天要用彩纸和黏土，现在我就去文具店里买。 □妈妈，我写了读后感，想读给您听一听。

父母的话	
□快做作业！ □习题做完了吗？ □读书去吧。 □要带的东西不能在早晨收拾，应该提前准备好。 □你们老师为什么留这么多作业？ □这到底是孩子的作业，还是妈妈的作业？ □也不学习，晃来晃去干什么？ □不就是写个日记吗，你都写多久了？ □给你买书是干什么用的？快读。 □去辅导班了吗？	□嗯，真棒！ □我女儿都成社会学家了。 □哇，这个恐怕连爱迪生也想不到吧。 □妈妈和你一起找吧。 □好吧，这个周末我们就去你在书中读到的地方参观。 □如果作文不好写，你看这样好不好？

情形 3：睡觉之前

孩子的话	
□今天的学习任务都完成了，玩会儿游戏怎么样？ □看完这个电视节目我就睡觉。	□我已经刷完牙准备好了，听着音乐睡觉吧。 □我读会儿书就睡。 □爸爸，我想知道宇宙里发生了什么。 □爸爸，我爱你。妈妈，我爱你。 □请您在“今日计划检查表”上签名。 □我要把今天写的诗读给你听。

父母的话	
□不许玩游戏，早点儿睡觉。	□在学校里有学得吃力的地方吗？
□你的房间都成什么了？	□你喜欢什么样的朋友？
□×××，这铅笔怎么在这里滚来滚去？	□你最想做的事情是什么？
□这不是明天早晨要带的东西吗？怎么放在这儿？	□希望我做个什么样的爸爸？
□这种事怎么到现在才说？	□做个好梦。
	□我爱你，宝贝！
	□睡觉之前给妈妈唱首歌吧。

也许您早就猜到了，左栏是“他律型”孩子在家中的对话，右栏是“自律型”孩子在家中的对话。

如果孩子被要求学习而勉强为之，那么从早到晚所有的语言和行动都是被动的。书包和次日要带的物品必须由父母代为整理，作业也要父母过问之后才开始写。即使学习的时候也要父母或老师反复嘱咐，而且也仅仅完成确定的学习量，然后就再也不肯多学了。如果再让这样的孩子学习其他的东西，他们会这样说：

“唉，妈妈让我做的事情那么多，学校作业也那么多，我还怎么学别的呀？”

如果孩子进入四年级仍然在整理物品、完成作业、早晨起床等方面没有养成基本的好习惯，甚至每天早晨还要进行艰苦的斗争，那就应该考虑紧急对策了。左栏对话当中符合 50% 以上，应该看做是“非常状态”，务必启动“大规模工程”，以求养成自律型的学习态度和习惯。因为今天的习惯和态度会贯穿终生。

相反，自律型的孩子即使没有人叮嘱也会积极主动地学习。这样的孩子连签到和整理物品都显得与众不同。学习当中碰到疑问，他们会打破沙锅问到底，直到弄清楚为止。有的孩子在暑假期间也会给老师打电话请教问题。如果您对右栏的对话有 70% 以上的共鸣，那么您的孩子就属于善于自学且富有潜力的孩子。即使存在别的问题，但只要稍加完善，那么不仅四年级，初、高中也完全可以放心。

2 有潜力的孩子学习好

好成绩不会唾手可得

“这个你是怎么知道的啊？”对于这个问题，有的孩子会这样回答：“反正就是知道了呗。”尽管没有付出特别的努力，然而也懂得了很多，这是因为孩子本身存在着善于学习的能量。这种能量就是最基础的力量，也就是潜力。潜力是潜在的力量，不会显著流露，却可以让一切成为可能。运动员需要有基础体力，孩子们也需要学习的基本能力，也就是潜力。潜力越大，也就越容易成为优等生。

即使坐在同一间教室，受教于相同的老师，使用相同的教材，然而一年以后，40 名学生的实力却会出现从第 1 名到第 40 名的差别。这并不是因为下游的孩子智商低于上游的同学，或者付出的努力不够。为了追赶上游的同学，下游的孩子也可以付出多倍的努力。但是，上游学生和下游学生之间的实力差距却不容易缩小。

如果比较两个群体的学习过程，我们会发现上游学生学习起来非常轻松，而下游学生则非常困难，甚至会觉得自己是学习的奴隶。优等生因为学习起来非常轻松而成绩出色，因为成绩出色而更努力，因此成绩突飞猛进。成绩提高了，学习就会变得有趣。既然有趣就不会觉得厌烦，因而能做到十年如一日地学习。

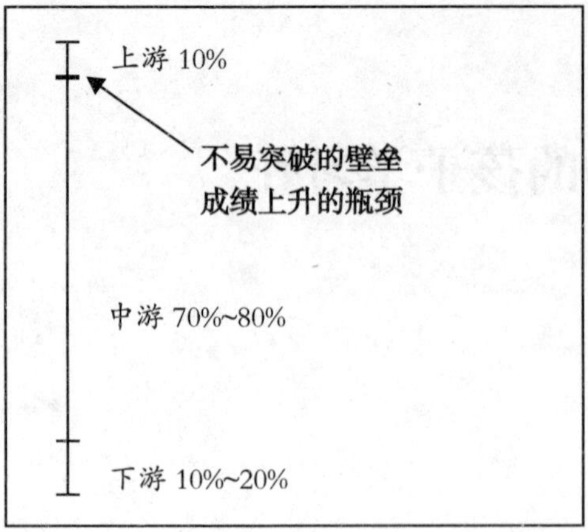

通过上表可以看出，上游的学生占 10%，中游的学生占 70%～80%，下游的学生占 10%～20%，学习很好和很差的学生都不是很多。大部分都在中游的 70%～80% 之间起起落落。成绩参差起伏的学生也都属于中游。相比较而言，上游的学生成绩不会大起大落。这就像云层之下的汽车容易受到雨雪等天气的影响，而云层之上翱翔苍穹的飞机则不会受到影响。因为云层之上总是灿烂的晴空。

随着电视、游戏等干扰因素的影响，中游学生的成绩忽高忽低，然而上游的学生因为身处这种影响范围之外，所以能够维持比较平稳的成绩。虽然中下游的学生经过艰苦的努力也会猛然冲入上游，但是上游的群体竞争激烈，很容易产生疲惫感。

为什么优等生会感觉学习比较容易呢？前面我们已经讲过了，这是因为他们有潜力。虽然他们自己回答说“反正就是知道了呗”，看似轻松，但是世界上哪有这么简单的事情呢。不光学习是这样，任何事情要想做好，要么具有很高的天赋，要么具备充分的条件和良好的环境，只是他们自己感觉不到罢了。

每个人都潜藏着独特的天赋。如果能够很好地发现并开发出孩子与生俱来的特性和禀赋，那么就会成为孩子的潜力。举例来说，教授诗歌之前先培养诗心，教授数学之前先熟悉数的概念，教授观后感之前先去旅行。经历了这个过程并形成潜力的孩子们学习什么都会比较容易，这是理所当然的事情。潜力形成之后，任何领域的学习都会变得很简单，反之，学习就会变得很辛苦、很艰难，就如同背着沉重的包袱登山一样。所以说，比起学习技巧来，更重要的还是让学习变得轻松简单的潜力。

即使在肥沃的土壤里只播下一般的种子，也会长成茂盛的植物。就算在贫瘠的土壤里播下良种，再怎么施肥浇水也不会结出丰硕的果实。无论选择多好的辅导班，无论缴纳多么昂贵的辅导费，如果潜力没有养成，那也只会造成时间的浪费和经济的损失。

潜力比学习技巧更重要

赛跑的时候，如果站在终点，我们可以看到第一名之后陆续跑来的选手的样子。第一名和最后一名选手的起点相同。那么，第一名领先于其他选手的秘诀是什么呢？良好的体力、残酷的训练、顽强的意志，这些构成了选手的潜力，使他得以比别人跑得更快。对于选手而言，所谓潜力就是基础体力、耐力和生活习惯，如果忽视了这些因素而专注于快跑的技巧，那么结果会如何呢？也许大部分选手都会疲惫不堪，而且很容易就放弃了。

我们的孩子也要和同龄的孩子一起出发。小学开学典礼是他们学习赛跑的起点。从这个起点开始，这场学习赛跑当中既有从不回头、眼睛盯紧前方奔跑的孩子，也有容易感到疲惫的孩子；既有本来跑得很好却因为走神而跌倒的孩子，也有跌倒之后重新站起来奔跑的孩子。出现这样的差异是很正常的事情。因为内在的学习潜力本来就不同。正如赛跑选手的体力不同，跑起来自然就会有差别。

因此，我们必须帮助孩子开发潜力，这样才能让他们在学习赛跑中跑得更好。孩子们需要面对的义务教育就有12～16年的时间，对于他们来说，怎样强调学习潜力的重要性都不为过。如果没有学习潜力，仅仅靠学习技巧，则无异于搭建空中楼阁。

学习潜力怎样开发？

曾几何时，早期教育的热潮把整个国家搅得沸沸扬扬。在人才就是资源的现今社会，教育热情高涨当然不能不说是幸运的事情。但是，我们也有必要对其内容进行认真的思考。一些妈妈为了让自己的孩子接受早期教育，终日催促孩子奔命于各种辅导班。于是，像海绵那样拥有强大吸收力的孩子3岁就能流畅阅读文章，4岁就能背诵一两本英文书，5岁就能背诵千字文，真让做妈妈的感到骄傲。然而，像这种从小就被称为天才的孩子长大之后却不能发挥自己的能力，这是为什么呢？

首先是因为人们对“输出（Output）”的期待大大多于“Input（输入）”。常言道“一分耕耘一分收获”，可有的父母只想让自己的孩子超越别的孩子，于是在提高孩子素养之前便期待结果。这就像盛在缸里的水。缸里的水喝起来固然痛快，却很快就会枯竭。要想继续喝到水，就必须辛辛苦苦地挖井。虽然挖井很辛苦，但是只要挖出了水，那么终生都能尽情地喝到凉快的清水了。

其次是因为上学之前学过的东西在进入学校之后还要重新学习，容易使孩子对学习失去兴趣。3岁学习识字和7岁学习识字仅仅存在时间上的差异，其结果都是相同的。因为在学校里还要学习识字，那些通过早期教育提前学会的孩子往往感觉不到学习的趣味。既然对学习不感兴趣，那么等到好玩的最新游戏出现时，他们的视线就会被吸引过去，或者只肯专注于自己关心的事物。这些孩子的父母常常心急如焚：“我们的孩子小时候学习很棒，怎么长大了反而变成这样啊？”

另外，理解能力和背诵能力强的孩子很容易就能接受学校里的知识，而且成绩也不错，所以父母便不再拥有危机意识了。如果理解能力和背诵能力很强，再加上小时候学到了这样那样的知识，那么至少到小学三年级之前，缸里的水还不会枯竭。父母还以为缸里的水依旧很满，等到高年级课程深化，孩子不能充分消化，及至成绩下滑的时候，便会重新开始小时候的“辅导班巡礼”。

即使山珍海味摆在面前，然而消化能力却有限。因为身体能够接受的量是固定的，过量摄取的食物反而会损害健康。进入身体的食物营养通过血管供给全身，并与氧气结合生成新细胞，这个过程运行良好的时候，孩子就会健康成长。并非输入孩子大脑的知识越多越好，必须经历消化吸收的过程才可以。

因此，比灌输知识更重要的是提前打好接纳知识的基础。就像根须茂盛的树木能够长得又高又大，即使风吹雨打也不动摇，要想建设高大的建筑就必须深挖地基。打好坚固的地基，做好成为栋梁的准备，这就是形成潜力的过程。换句话说，培养潜力并非多教知识，而是培养接受知识的能力。

只要经历正常的学习过程，在任何时候学习到的知识都是一样的。但是，潜力却因人而异。提前开始三四年，并不意味着提前实现梦想。小时候培养的潜力到了正常的学习时期，往往会发挥出意想不到的威力。就像不起眼的炸药能打通庞大的山脉，铺设出隧道一样。

这时候，培养孩子的潜力就等于是往隐藏在孩子体内的宝物仓库里填充宝物。这些宝物包括丰富的想象力、卓越的观察力、敏锐的美感、别人意想不到的奇妙创意力、诗人的诗心、乐感等。除此之外，还有理解力、思考力、表达力等。总之，潜力形成的要素不可胜数。等到仓库里填满了宝物，将来随便拿来使用，那么就能做到轻松有趣地学习了。

比如，语文课上先读《蚂蚁和蝗虫》再续故事的时候，首先通过宝库里的想象力想象后面的故事，再用奇妙的创意力编织新故事，最后动用表达力稍加整理，优秀的作品就出来了。拥有这种能力的孩子学习起来肯定是快乐而又轻松。

如果孩子们具备了潜力形成的要素，那么不仅语文，任何科目学起来都会很轻松，甚至还能取得常人想象不到的巨大成就，既能带给父母以喜悦，也会成长为令人自豪的国之栋梁。比尔·盖茨凭借别人无法想象的创意力成为计算机皇帝，法布尔凭借对昆虫的热爱和卓越的观察力成为世界级的昆虫学家。若要成为设计师，必须有敏锐的美感。若要成为优秀的诗人，必须具备丰富的感受力。如果没有感受力，那么再昂贵的课外辅导、再优秀的写作技巧也不可能把孩子培养成优秀的诗人！

要想学习出色，必须具备理解力、思考力和表达力。小学时期的科目都是为了培养这些能力而设置的。我们不妨以语文为例，学生阅读指定的文章，理解内容，整理成自己的想法，然后通过语言或文字表达出来，进而培养说服对方的能力。数学也是这样。数学的目的并非单纯学习数字和公式，关键是学会分析生活中经常遇到的问题，并且能够找出解决的办法。因此，所有的科目看起来各不相同，实际上都是为了培养核心能力，也就是学习的潜力。潜力深厚的孩子升入初、高中之后也能轻松理解每门功课，并且能迅速适应课程。所以说，小学阶段，特别是低年级阶段，必须抛开以知识为主的教育，致力于培养基础学习能力，也就是潜力。

学习潜力的三要素——耐心、集中力、热情

学习出色的孩子都有什么共同点？答案就是：耐心、集中力和热情。如果仅仅依靠头脑聪明理解所学的知识，即使背诵能力再强也不可能坚持到最后，就像短暂闪烁之后便熄灭的萤火虫一样没有结果。但即使能耐心地坚持很久，如果没有集中力，那就如同打碎的老花镜，连一张薄纸都不能点燃。无论是多么易于燃烧的燃料，如果没有火种，这些燃料上面也只能布满灰尘。这个引燃燃料的火种就是热情。

从词典意义上说，忍耐就是按捺住痛苦和愤怒的情绪。忍耐不仅对孩子来说是件难事，对于大人来说也不容易做到。家长必须帮助孩子培养耐心，

使孩子能够耐住性子学习。如果不能坚持学习 30 分钟，那么这样的孩子做其他任何事情都不可能坚持到底。比如，刚刚学习 10 分钟就要出去喝水，或者无聊地偷听父母打电话。更让父母操心的是，孩子面对电脑游戏和自己喜欢的电视节目时，甚至两个小时连眼睛都不眨一下。对于这样的孩子，如果没有耐心和集中力，能让他们端正学习态度吗？

关键在于找出缺乏耐心和集中力的原因。作为父母，首先必须弄清楚自己的孩子在学习的时候为什么不能集中精力。明明坐在书桌前读书，却不知道自己读的是什么，或者满脑子想的都是电脑游戏，甚至感觉书里也闪烁着"星际争霸"的影子，或者只想跑出去玩耍，这样的孩子既不能培养出耐心，也不可能集中精力。如果父母忽视了本质，而借口培养孩子的耐心，每天强迫孩子坐在书桌前两个小时，那么孩子在达到耐心的极限之后就会选择逃避，这就像被按住的弹簧迟早要弹起来。耐心和集中力绝对不能通过反复的训练来培养。

既然如此，那又应该怎么办呢？首先，应该通过与孩子贴心地交流来弄清问题的所在，然后解决问题。假如，孩子因为理解不了老师的话而在课堂上溜号，那么可以通过提前预习第二天学习内容的方法来解决。如果是因为贪图游戏而心神不宁，那么可以答应孩子功课完成之后再玩。总之，这些办法足以帮助孩子克服缺乏耐心和注意力不集中的缺点。

热情也是这样。虽然热情源于对学习的渴望，但是对于大部分人而言，学习绝对不是好玩的事情。必须阅读枯燥而艰深的书籍，必须忍耐无聊，必须练习难以做到的事。要想做好这么枯燥无聊的事，就必须有奖励。尤其是低学年阶段更是如此。既可以从物质上进行奖励，也可以从精神上进行奖励。例如功课结束之后可以给孩子零花钱，或者允许孩子看自己喜欢的电视节目，或者和孩子一块儿去玩。将孩子喜欢的各种活动和学习联系起来做奖励，效果非常显著。但是，进入高学年之后，恐怕就不能再用这样的诱饵促使孩子好好学习了。这时候，最需要的就是让孩子明确学习动机并树立学习目标。目标来自梦想。拥有梦想的孩子哪怕父母不要求，也会主动去学习。

因此，要想激发孩子的学习热情，最重要的就是培养孩子的梦想。

学习潜力可以用下面的公式来表现：

$$学习潜力 = (理解力 + 思考力 + 表达力) \times (热情 + 耐心 + 集中力)^2$$

如果用中子撞击铀 -235 原子核，核会一分为二，进行核分裂，这时其质量小于整体，减小的质量会转化为巨大的能量释放出来，这就是核能的生成原理。用公式表现就是 $E=mc^2$。这里的 E 表示能量，m 表示减小的质量，c 表示光速。爱因斯坦的方程式很好地表现了能量守恒定律，揭示出质量向能量的转换。通过爱因斯坦方程式可以看出，无论多么微不足道的质量，只要以光速运行，都会转换成惊人的能量。

虽然学习潜力用肉眼看不见，但是它就像明确存在的核能。一言以蔽之，“理解力+思考力+表达力”可以简称为智力，“热情+耐心+集中力”可以称作实践力。上述公式表明，如果没有实践力，那么无论智力有多么出色也没有用处；即使智力略有欠缺，只要有实践力，照样可以发挥出巨大的能量。正如爱因斯坦方程式所表现的那样，如果理解力、思考力和表达力以类似于光速的热情、耐心和集中力奔跑，那么就会发挥出不亚于核爆炸的巨大能量。

学习潜力由父母造就

虽说学习是独立完成的事，但是学习潜力的形成却不能独自实现，必须得到别人的帮助，最合适的人选就是父母，而且源泉就是父母对孩子的爱。父母热爱自己的孩子，甚至超过爱自己的生命。如此强大的爱是任何人都无法代替的。这份爱蕴含着巨大的奉献力量。哪怕不听自己的话，哪怕让自己伤心，哪怕欺骗自己甚至怨恨自己，这份爱也会毫无保留地坚持到底。千万不要忘记，唯有父母的爱才是孩子潜力形成的源泉。

有时我跟家长谈起子女教育的成功事例时，尽管大部分家长都会连连感叹，然而他们还是事先就放弃了，表示自己做不到。既不肯播种，又不愿精心培育，那怎么可能收获丰硕的果实呢？父母必须播下种子，浇水施肥，精心呵护，这样才能结出甘甜的果实。如果别人家的孩子好学，请你不要临渊羡鱼，不妨多想想自己应该做点儿什么，才能让自己的孩子也爱上学习。亡羊补牢，犹未为晚。也许现在正是我们能够帮助孩子的最后机会。孩子喜欢什么、还有什么不足、孩子的梦想是什么，我们都应该陪着孩子一起寻找，然后把此时此刻当成是最后的机会，努力把爱付诸实践。

妈妈的关心

孩子和妈妈交谈的时候，会经常忍不住开怀大笑。母子（女）俩实在是太像了。不仅外貌相似，而且连笑的样子、皱眉的样子，甚至说话的语气都十分像……和孩子聊天的时候你会发现，尽管外貌上像爸爸更多些，然而思维却更多地受到妈妈的影响。每天从早到晚和妈妈在一起，妈妈的一颦一笑，甚至妈妈内心深处的所思所想都巨细无遗地传递给了孩子。因此，妈妈的想法非常重要。如果妈妈不关心子女的教育，心思更多地倾注于别的事情，那么孩子也会更多地关心学习之外的事物。如果妈妈的脑子里充满了房地产投资之类的事情，只是嘴上说着让孩子学习，那么孩子们首先想到的恐怕不是学习，而是金钱和土地了。如果您真心希望自己的孩子学习优秀，那么作为妈妈，首先关心的就应该是教育问题。

妈妈的嘴

从妈妈嘴里说出来的每句话都会起到不同的作用，或者是减少原本满满当当的宝物仓库里的宝物，或者是往原本空空荡荡的仓库里填满宝物。如果孩子听到的是“你能行”、“我相信你肯定能做到”、“你这么努力，一定会成功”，勇气就会被激发出来，他们就真的能够做到。孩子从这些话语中获得勇气，即使真的遇到了困难，也会从容克服。孩子放声大哭的时候，试着说："我女儿的发音练习真棒，将来说不定能成为音乐家呢。"学习不好的孩子忽然拿起了书，不妨这样说："看我们贤俊热爱读书的样子，将来肯定能考上博士。"

言语之中蕴藏着看不见的能量，妈妈的祝福会原封不动地传递到孩子的大脑和心田，孩子会自然而然地按照妈妈的话去做。

妈妈的陪伴

孩子忽然长大，升入高年级之后，妈妈们终于醒悟并且深感惋惜，原来能够陪伴在孩子身边的时间并不是多得用不完。相反，从幼儿时期到小学低年级一直忙于照顾孩子的妈妈们却不停地抱怨："什么时候我才能安心地出趟门啊。"子女升入中学后，妈妈们却又怀念和孩子在一起的时光，心里不时地发出"当时真应该多陪孩子玩玩"的感慨。孩子不会永远是孩子，所以千万不要错过了陪伴孩子的时光。孩子殷切需要妈妈的时候，请您多一些时间陪伴在他身边吧。

除了陪着孩子去考察文化遗迹、参观博物馆，还可以去找蚂蚁卵、到池塘寻找蝌蚪、阅读关于天文的书籍然后讨论、相互挠脚心哈哈大笑、登山认识各种植物、秋天去摘栗子、观看皮影戏营造亲情氛围……细想起来，妈妈能陪着孩子做的事情真是数不胜数。这些活动积累下来的潜力绝对不可能通过聘请家教和参加辅导班来获得。

第二章

培养孩子成为优等生

的指导方法

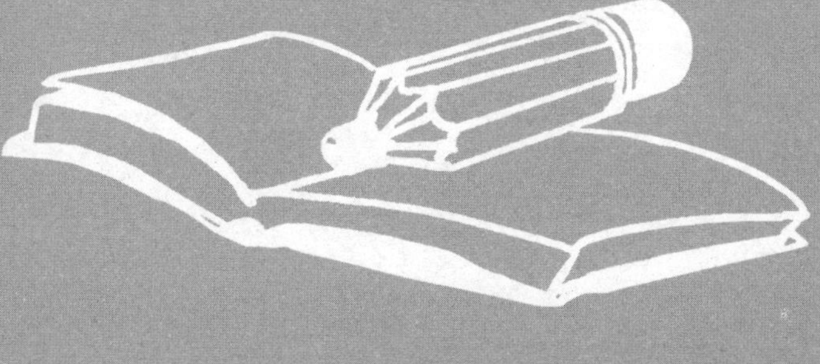

1 妈妈经纪人

孩子也需要经纪人

李瑟的妈妈是位白领，每天都需要处理顾客的索赔事宜，下班时已经身心俱疲。回家之后却发现家里满目狼藉，到处都是滚倒在地的物品，同时，洗菜池里还堆满了脏盘子。她甚至来不及换衣服就要洗碗、洗衣服、扫地，还要准备明天的早饭，真是忙得团团转。恰在这时，家中最大的孩子李瑟过来问道：

“妈妈，今天的日记写什么啊？”

精疲力竭的妈妈强压怒火，说道：

“随便写吧。”

李瑟只能看妈妈的脸色行事。

“可是妈妈，老师让我们在明天之前做豆腐，写出试验结果，还要求拍照片呢。”

这时，一直等待插嘴机会的小儿子、刚上一年级的寒星也说：

“妈妈，老师让您明天早晨去绿色妈妈协会。”

妈妈只觉得火往上冒，于是强忍着说：

“你怎么现在才告诉我啊？”

这时，寒星泪眼汪汪地回答说：

“我前天就告诉妈妈了……”

妈妈的心里乱糟糟的。她比谁都渴望培养出优秀的孩子，她也希望自己能像全职妈妈那样经常去学校，为孩子倾注全部心血……然而现实却让她心力交瘁。尽管如此，她不能在孩子们面前表现出来。

“今天发生了什么事，日记就写什么吧。现在太晚了，豆腐来不及做了，明天我去市场买来卤水再做吧。明天早晨妈妈早点儿起来，先给你们做饭，上班之前就去绿色妈妈协会。”

说完以后，她感觉这段时间自己好像疏忽了孩子们的学习，心里不由得歉疚起来，同时也想检查孩子们的学习状况，于是大声说道：

“把这段时间的习题集拿过来给我看看。寒星还要拿来记事本。”

不过，看了孩子们的习题集和记事本之后，妈妈强压的怒火终于爆发了。

“李瑟，你！习题集已经拖延几周了？与其这样，还不如不上学算了！还有你寒星！你的记事本是用手写的吗，我看是用脚写的吧！”

那天晚上，妈妈发了很大一通脾气，家里乱成了一锅粥。夜深人静，看着哭累了睡去的孩子们，李瑟妈妈下定决心，明天就去附近找辅导班，这样既能解决孩子的吃饭问题，也能解决作业问题。

令人遗憾的是，很多父母都在子女教育问题上屡屡碰壁。最重要的原因就是没有进行持续的管理。李瑟妈妈就像小松鼠滚筛网似的终日疲惫不堪，等到某一天检查作业的时候，却又责怪孩子，这只是因为自己照顾不好孩子而发泄情绪罢了。即使送到了辅导班，如果父母不好好管理，还是很难有收获。

很多父母都希望自己的孩子既不用参加辅导班，也不用请家教，自己就能学习得很好。“有的孩子从来不上辅导班，从来不请家教，照样在班里名列前茅，也不知道怎么回事，我把大半的生活费都投入到对孩子的教育上了，竟然学成这样！”相当多的妈妈们都会这样抱怨。然而在抱怨之前，很有必要想想自己家的子女教育为什么会失败，原因又在哪里。如果父母不予管理，那么再怎么送辅导班，再怎么请家教，恐怕也很难收到期待的效果。从来不上辅导班，从来不请家教的孩子照样在班里名列前茅，那是因为他们的父母付出大量关心、精心管理的结果。

妈妈必须成为孩子的经纪人。虽然教育的责任在于老师，但是妈妈必须承担起经纪人的责任。总统也不可能仅凭个人的力量登上宝座，必须得到周围人的支持和帮助。从默默无闻到超级明星，背后肯定有某个经纪人在发挥作用。孩子们也是一样。刚刚起步的孩子还不知道应该怎样学习，父母有必要做个这样的经纪人，为孩子制订学习计划，帮助孩子按照计划付诸实践，并且定期检查。作为孩子的经纪人，父母应该扮演什么样的角色呢？

妈妈是演员

做妈妈很累。从妈妈到妻子，再到职场人士，这些角色扮演下来，直到孩子长大成人也不能停止，结果当然会很累了。但是，疲惫的妈妈的一句话却影响着整个家庭的气氛。妈妈情绪不好的时候，孩子们对学习也提不起精神，只能看妈妈的脸色。每个人都有过这样的经历。因此，为给孩子以积极的影响，妈妈需要表演的能力。就像演员凭借出色的演技带给观众以感动一样，为了感动孩子，妈妈也需要演技。

孩子要够饭桌上的杯子，却不小心打翻了水。这时，孩子的心里既有自责，也有不安。如果对孩子说：“这么毛手毛脚的，你到底像谁啊？怎么一点儿不知道小心啊？”那么家里的气氛会是什么样呢？原本因为自己犯了错误而感到自责的孩子很快就会想到：“难道妈妈就没有这样的时候吗？太过分了吧。”旁边的爸爸听了，也会觉得这是指桑骂槐，心里也会很不痛快。类似的事情多了，孩子逐渐会产生逆反心理。

如果妈妈希望孩子不轻率鲁莽，对待任何事都沉着冷静，那么不妨这样说：“伤到哪儿没有？既然洒上水了，那就帮我擦擦桌子吧！”结果如何呢？不但妈妈没有发火，而且孩子也会小心，重要的是家庭气氛变得很和睦，这岂不是皆大欢喜吗？

上班的妈妈也是这样。妈妈下班回家迈进门槛的瞬间至关重要。站在妈妈的立场上看，回家意味着一天的结束，但是作为孩子来说，妈妈下班却是和父母共度愉快家庭时光的开始。孩子们整天都在苦苦等待妈妈回来，简直是望穿秋水。很多做妈妈的却因为这是每天都要重复的日常生活，结果什么也没表示就疏忽过去了。所以妈妈们一定要记住：夜晚的崭新开始在于推开大门的瞬间，你的表情和话语决定着家庭气氛的喜与悲。

不妨这样试试看：推开家门之前先整理好自己的表情，进门之后冲着孩子露出灿烂的笑容。即使孩子把家里弄得乱七八糟，心无旁骛地埋头于电脑游戏，你也要带着灿烂的笑容，提高嗓门，流露出想念孩子的样子，试着这样说：

“哎哟，我可爱的孩子们！今天可把妈妈想坏了。宝贝，我爱你们！现在有什么话想说给妈妈听吗？”

这时，孩子们就会迫不及待、争先恐后地跑到妈妈面前，把自己想说的话一股脑地说给妈妈听。

“妈妈，请您在记事本上签字。学校里发了家长通知书，要求星期三下午两点去开家长会。还有妈妈，刚才哥哥打我了。”

听完孩子们的七言八语，您可以这样说：

“孩子们，吃晚饭的时候，妈妈给你们讲有趣的故事，现在先把自己的房间收拾干净，7 点 30 分到饭桌前集合。”

坐在饭桌前，再跟孩子们交谈，问问学校里发生了什么事。这时要充分发挥自己的表演水平，哪怕孩子讲的故事不算什么，也要哈哈大笑。像这样全家人围坐在饭桌前开怀大笑，不仅家庭气氛在不知不觉间变得和谐融洽，孩子们也会渐渐品尝到学习的乐趣。

每天至少陪伴孩子 30 分钟

近来，别说职场妈妈，就连全职家庭主妇也很少专心致志于家庭了。很多人只是一味相信孩子自己也能学好，就不再关注孩子了。于是，妈妈不能提前发现孩子们为之苦恼的问题，遗憾地错过了。更有甚者，父母和子女难以交流，干脆放弃了自己的经纪人角色。

每天早晨睁开眼睛之后，正妍家都用 30 分钟的时间躺在床上自由地谈论学校里的事情。智善家则利用睡觉之前的 30 分钟，熄灭电灯，和孩子进行着无拘无束的谈话。

通过这种有意识的努力，父母能发现孩子们的问题，进而寻找解决对策。努力的结果就是孩子和父母形成了情感共鸣，很多压力都在家里化解了。要想改变别人，首先要打动他的心。打动心灵最好的办法就是无拘无束地交谈。这个原则同样适用于孩子。

确定目标，然后实践

惠妍的妈妈是小学老师。很多人都会想到老师的孩子学习肯定很出色。但是，惠妍的妈妈和普通的职场女性没有什么区别，所以放学后的惠妍也只能被丢在家里，直到妈妈下班才能见面。惠妍和伙伴们纵情玩耍，晚饭之后做作业、写日记，不知不觉间就枕着笔记本睡着了。每次看到惠妍的样子，妈妈总是很苦恼。

怎样改变这种状况呢？放学回家后，没有人微笑着迎接，惠妍只能自己用挂在脖子上的钥匙开门，一甩掉书包就跑向游乐场去找等着她的朋友们。这时，她把妈妈的嘱咐和老师留的作业都忘到九霄云外了，玩得不亦乐乎。玩到妈妈要下班的时候，才急急忙忙地赶回家收拾书包和准备物品。晚饭过后，惠妍虽然勉强坐在书桌前，却也因为疲惫不堪而半梦半醒了。

与笔者交流后没过几天，惠妍家的客厅里就挂上了这样的字句：

本周目标——写完作业再出去玩

本月目标——读书 30 本，摘抄目录

今年目标——学会一样管乐器

这些目标看起来不算什么，却让惠妍养成了自学的好习惯。现在，距离当初确定目标已有 6 年之久了，惠妍已经变成了非常热爱读书的孩子。

帮助孩子养成查找资料的习惯

如果在学习过程中碰到不懂的地方，自学的孩子常常无力解决。第二天去学校问老师的话，那就无法保证今天的进度；爸爸妈妈都在上班，也不方便打电话……遇到这种情况，父母们通常也没什么好办法，只好依赖辅导班或者家教老师。

这时，最根本的解决办法就是养成查找资料的习惯，这要胜过辅导班和家教。如果在教科书里遇到了疑问，可以灵活运用解释详尽的自习参考书。至于社会和科学课程，则可以配合辅助教材同时使用。孩子的书架上至少应该有语文词典和大百科全书，并且要引导孩子经常性地查阅。开始的时候告诉孩子查阅方法，以及查找资料对学习有什么帮助。于是，需要父母做的事情就像下面的对话这样简单了：

孩子：妈妈！这个我不懂。

妈妈：嗯，义文不是比妈妈懂得还多吗？你先查大百科全书，然后告诉妈妈。

事实上，孩子在查阅资料的过程中，还会得出大人意想不到的好思路。

培养孩子十年如一日的恒心

无论制订了多么远大的目标，无论多么善于查找资料，如果没有十年如一日的恒心，那就像在漂亮的地基之上建起了丑陋的建筑。维持这份恒心的秘诀也只能是父母坚持不懈的管理。如果忘记了每天必不可少的检查，终日被搬家、节日、休假等大小事务弄得晕头转向，那么一个星期、一个月很容易在眨眼之间就过去了。等到孩子突然长大，升入高年级之后，妈妈也只有后悔和叹息了。

听到父母要求自己学习的时候，孩子容易觉得父母唠叨。如果父母也认为自己说给孩子的话是唠叨，那么非但达不到目的，而且容易让孩子产生逆反心理。如果不是父母单方面的要求，而是按照父母和孩子之间的约定去实践，那么孩子就会完全听从妈妈的安排。

妈妈的第一角色是经纪人。如果没有耐心细致的管理，就连家中的花草都会枯萎，甚至冻死，何况是人呢？没有好好管理，却期待孩子养成良好的学习态度和习惯，这无异于不劳而获。经纪人的角色无论如何也不能由辅导班老师或学校老师代替，更不可能用金钱解决。

2 系好第一颗纽扣——抓住日记本

妈妈的激动之情

小学开学典礼不仅对孩子来说是人生的新开端，对妈妈来说也同样如此，自然也会满怀期待。针对这些刚入学的孩子，我们不禁要问那些妈妈们："孩子读小学之前，应该做哪些准备工作呢？"

对于这个问题，大致会有三种答案。

敷衍型妈妈： 学前班已经学过语文了，加减法也会了，那就行了。第一学年第一学期不外乎从1数到10，会听写就足够了。没必要从开始就给孩子太多的压力。

放任型妈妈： 怎么说呢……一二年级之前我也非常用心，可是到了高年级之后根本没什么用。真的，成绩只有到五六年级才能看出来。低年级阶段还不如让孩子痛痛快快地玩呢。

自信型妈妈： 一二年级的时候学习固然重要，但是更重要的还是自信心。为了培养孩子的自信心，最好是让孩子多读书，养成写日记的好习惯，这样能锻炼表达自己所思所想的能力。

听了上面这些说法，妈妈们立刻着手准备让孩子多读书、学英语、学画画。但是，小学开学之后很快摆在父母面前的现实却是写日记和听写。

如果系好了第一颗纽扣，衣服很容易就能穿好。为了穿好“学习”这件衣服，小学一年级要系的第一颗“纽扣”就是日记。关于写日记，父母们的希望出人意料地简单：只要不每天来聒噪妈妈，马马虎虎写上一页，那就千恩万谢了。

父母们的期望之所以如此简单，就是因为此时的孩子们写日记还很吃力。其实只要掌握好诀窍，就会发现写日记并没有想象中的那么难。如果父母稍微了解日记的写法，并对孩子加以指导，那么这份小小的诚意不仅能帮助孩子们系好第一颗纽扣，而且系的还是黄金纽扣呢。

专注一件事，多写感想

看看孩子们的日记本，我们会发现大部分都是罗列当天事情的流水账。最后抒发自己的感想，通常也就是“很好玩”、“我很高兴”之类的。日记的目的是回顾当天发生的事，写下自己的想法和感受，进而开拓思维，培养表达能力。然而大多数孩子事实上连填满一张纸都很困难。其实孩子比大人更坦诚，只要把握好方向，就有可能写出很出色的日记。

把握方向的第一个办法是每天只写一件事，多抒发自己的感想。我们来看看小学一年级的周贤的日记。

> 我今天吃了烤红薯。
> 真好吃。
> 这是妈妈给我们做的。
> 吃完之后看电视。
> 换到七频道。
> 我们看了《魔法小子》。

然后学习。学习完又和家人去洗桑拿。

我很高兴，心情很愉快。

看完日记之后，我和孩子进行了下面的对话。

老师：周贤吃烤红薯了，好吃吗？那你吃的时候有没有想到老师呢？

周贤：想了！

老师：嗯，周贤啊，看来今天的事情很多，从现在开始我们这样好不好？

周贤：什么？

老师：如果你每天做过很多事情，那就挑选其中的一件事，并且要多写写你对这件事的感想。你在日记里叙述得太多了，为什么不写写自己的感想呢？从现在开始只写一件事，多写自己的感想。明白了吗？

下面是老师做完指导之后周贤写的日记。

题目：游泳场

今天下雨了，天气阴暗，本不想去游泳场。

因为有个认识的哥哥，我还是高高兴兴地去游泳了。

我感觉老师的训练强度太大了，所以有点儿累。

可是看到别的哥哥们都很努力，我就想我也应该坚持下来。

后来游得很有趣。

第一篇日记按顺序写下了自己做过的事，相比较而言，第二篇日记则表述了自己对游泳的感受。

接下来我们再谈谈没有素材可写的情况。每天都要从做过的事情里寻找素材，的确很有难度。

高贞：妈妈！日记没什么好写的呀？

妈妈：怎么没有？写写参加钢琴学习班的事不好吗？

高贞：这个昨天写过了。

妈妈：那还有学习跆拳道的事呢？

高贞：这个前天写过了。

妈妈：那你和朋友玩的事呢……

高贞：这些上次都写了。

妈妈：哎呀，为什么天天写日记啊。

很多妈妈都深有同感。因此，我们首先应该了解为什么要写日记，写好日记对孩子有什么帮助。只有妈妈自己先理解了，才能毫不厌倦地指导孩子写好每天的日记。

为什么要写日记？

请大家想想学生时代把写日记当成假期作业的事吧。大部分人都觉得写日记是非常讨厌和困难的作业。如果材料丰富又有写作能力，当然无需担心，否则的话就很头疼了。生活本身没有太多可记载的事情，如果每天都想写内容各异的日记，过不了几天素材就枯竭了，这样内容也就会大同小异，写到后来就成检讨了。

如果从最初教孩子写日记的时候就让他们每天检讨，那么孩子们也只能把日记理解成检讨。在孩子看来，日记就是记录每天做错了什么、从今往后要这样做或不这样做，这当然不是件轻松的事情。于是，他们讨厌写日记，被动地把它当做作业来完成。甚至拿出已经写过的内容，改改日期照抄下来。

既然如此，为什么要让他们写日记呢？理由很简单，也很清楚。因为写日记是培养思考力和表达力的最好方法。通过写日记，孩子们可以把自己的想法和感受形成文字，进而锻炼思考能力。进入初、高中以后时间变得紧张，而且也没有“写日记”的课程，因此小学低年级是进行日记指导的最佳时期。这时应该倾注心血指导孩子写好日记，甚至在比重上要超过英语和数学。

这个时期要想写好日记，关键不在于写作技巧，最重要的是拓宽思维。孩子和父母不了解写日记的目的和方法，于是深感痛苦，然而真正理解之后，恐怕再也没有比写日记更有趣的事了。

从孩子的想法里寻找素材

现在我们来看看素材贫乏的孩子应该如何写日记。

我遇见正妍是在她 7 岁的时候。当时，正妍的妈妈正对写日记满腔热忱，拼命让孩子多写日记。读了正妍的日记我发现，她和别的孩子没什么不同，不过是罗列每天的事情罢了。我正在思索应该怎样指导时，想不到正妍先说话了。

正妍：老师，为什么每天都要写日记啊？

老师：怎么了？每天写日记很累吗？

正妍：倒不是很累，我就是不明白，明明每天都一样，为什么妈妈还要我每天都写呢。

老师：是啊。那就不要写每天发生的事了，写点儿自己的想法。

正妍：想什么？要是没有想法怎么办啊？

老师：怎么会呢，老师觉得正妍的想法很多呢。“要是没有想法怎么办”，你这不是已经想了吗？

正妍：（笑）

老师：正妍啊，你看这样好不好？现在不是秋天了吗？到了秋天，你首先会想到什么？

正妍：（思考着）

老师：比起夏天，人们到了秋天有没有什么变化呢？另外树木和山峰的样子是不是不同了？就算没有什么想法，你读过有关秋天的故事吧，这个也可以啊。

正妍：啊，我想起来了！现在我好像会写日记了。

下面是这次对话之后正妍写的日记。

题目：秋天的风景
到了秋天，树木和人都要换衣服。
人们穿上了长外套和高领绒衣。
树叶变成了黄色和红色。
叶子里的色素是类胡萝卜素和叶黄素。
天气变冷了，叶绿素正在死亡，
类胡萝卜素和叶黄素露出了颜色。
树叶很漂亮，也很幸福。

如果只写发生过的事情，那么每天必须有新的经历，否则就是写小说了。因此，要在日复一日的生活中转换想法，有时必须通过想象寻找写作素材。通过交流我们发现，孩子们比大人想象力更丰富。所以，他们刚刚在日记里写到一件事，突然冒出别的想法，于是顺着这个想法写了下去，就转到了另外的话题。回头看看，填满日记本的却是与题目毫不相关的内容。所以说，我们有必要告诉孩子怎样抓住一件素材进行联想，以及联想的方法。

方法其实很简单，只要对孩子多些关心，问几个问题就可以了。如果孩子以和爸爸踢足球的事情为素材，那么可以提这样几个简短的问题："你为什么想写足球呢？""爸爸很忙又很累，却还是抽出时间来陪你踢足球，你有什么感想？""足球是怎么踢的呢？""看到足球，你想到的是什么？"这样便于帮助孩子抓住确切的素材。

对于找不到素材，只是坐在书桌前熬时间的孩子，父母可以提几个能够作为素材的问题，启发孩子。举办特别的活动，从中寻找日记素材也不失为好方法。另外去室外做游戏，或者到附近的田野里采花籽，这些都能成为孩子日记素材的来源。

平生第一次通过日记表达自己的内心世界，这对孩子来说确实是很有难度的。家长们要知道，这时候的孩子完全还是个新手。从握住铅笔开始，到经过长久思索之后填满笔记本，这是何等的不易。因此，对于第一次写日记的孩子，千万不要强求他在词法和句法上都准确无误。有的父母用红笔在孩子的日记本上修改语法错误。这样一来，孩子们的思路就常常被打断，而去担心语法是否规范，从而讨厌写日记，并且感觉写日记非常难。所以我们首先应该充分考虑到孩子还是新手这一点，让他们无拘无束地思考和想象吧。

熟悉了把想法形成文字之后，接下来就要问孩子这样想的理由。虽然孩子们的处世经验很缺乏，但是思维的广度却超出大人的想象。如果不问理由，那就错过了培养孩子们的想象力的机会。正如在《小王子》中，明明小王子画的是吞下大象的蟒蛇，然而人们只看外表，以为那是帽子。这样，孩子们的想象力也就被埋没了。

如果写出思考的理由，那么孩子们就能更积极地挖掘出自己的想法，同时还能培养逻辑能力。因此，这个阶段应该经常这样问孩子：“你为什么会这样想？”

丰富日记的形式

通过丰富的形式来写日记，不仅让孩子们心情愉快，而且还能培养创造力。绘画日记、漫画日记、书信体日记、诗歌、调查报告、游记、读后感、童话等，家长可以引导孩子自由自在地利用丰富多样的形式写日记。

最容易操作的就是绘画日记了。对于奠定写作基础、培养想象力和表达力来说，绘画日记显得非常重要。因为孩子们的语言运用能力还不够，所以仅用文字表达自己的想法和感受还存在着很大的局限性，然而绘画却能随心所欲地表达自己。首先画画，再写出说明画作的文字，同样能够写出好的日记。哪怕是还没读小学,甚至刚学会握铅笔的三四岁的孩子,都能写绘画日记。

真秀从四岁开始写绘画日记。起先，这个孩子的绘画日记只不过是用铅笔画出大大的圆圈。“这画的是什么呀？”她会回答说是“炸猪排”。真秀表达的是白天吃过的炸猪排。真秀的爸爸妈妈不仅把孩子画的第一幅作品放在客厅里展览，后来又摆放了真秀的许多作品。真秀的父母把不起眼的涂鸦看成是作品，让孩子产生自信心，将来能够更大胆地表现自己的想法了。正是得益于这种绘画日记，如今已经五年级的真秀不仅画画得好，而且作文也很优秀。

下面是真秀在小学二年级写的日记和漫画日记。

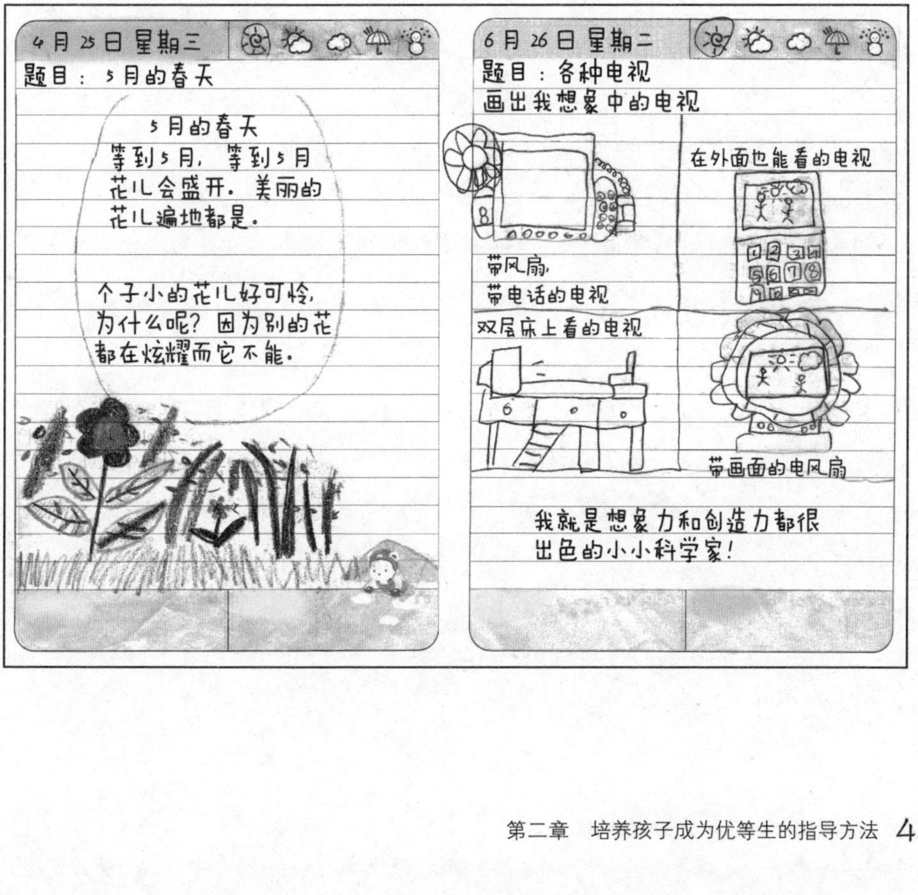

除此之外，记录读书感受的读书日记、给爸爸妈妈写信的书信日记、回顾当天的总结日记、坚定意志的实践日记、制订假期生活计划的计划表日记、阅读历史书籍或科学书籍之后摘录资料的资料日记等，总而言之，日记的形式数不胜数，非常之多。如果抛开内容和形式，生活、学习、玩耍等均可成为日记素材，那么孩子们的表达力、想象力都能达到令父母惊讶的程度。

论述的核心在于用语句表达富有逻辑性和创造性的想法。只要坚持不懈地通过日记整理和表达自己的想法，那么完全没有必要担心高考的论述问题。虽然写作辅导班如火如荼，但是再也没有比坚持写日记练习论述效果更好的学习方法了。

3 怎样培养爱读书的孩子？

亲近书籍阶段

谁都知道读书的重要性。学习出色的孩子读书多是众所周知的事实。既然人人都知道读书的重要性，那么为什么有的孩子读书很多，而有的孩子却讨厌读书呢？最大的原因就是有没有从小养成读书的习惯。俗话说，万丈高楼平地起。如果从小养成了好习惯，那么再也没有比这更宝贵的财产了。所以，读书应该集中在从小养成习惯上面。为了理解子女读书习惯的形成过程，在这里有必要从孩子刚出生的时候作考察。

新生儿只是不能用语言表达，然而无时无刻不在渴望和妈妈交流。这时，妈妈会以非常温柔的声音和孩子对话。

“哎呀，宝宝睡得好吗？”

“肚子饿了吗？”

“哎呀，让我看看宝宝尿了没有？”

既可以是这样的日常对话，也可以看着图画书给孩子讲故事。“宝宝怎么想的啊？”这样问过之后，可以代替孩子作回答，“嗯，有趣吧？”也许在别人看来不以为然，但是这样却能使孩子亲近书籍。因为孩子一般都喜欢自己视野之内的东西。为了让孩子亲近书籍，尽量在孩子活动的地方摆好图画书，让孩子感觉书就像妈妈一样亲切……

看书想象阶段

孩子通过读书来欣赏外面的世界。图画书读得越多，积累的间接经验也就越多，将来想象力和思考力也就会越强。

首先通过图画帮助孩子自由想象。孩子看着图画，一边比画，一边用自己的语言跟妈妈说话。这时，妈妈要以同样的手势迅速作出反应，同时模仿画面中的有趣表情。比如，鲨鱼恐怖的表情、皮皮爸爸勇敢的表情、皮皮妈妈和皮皮担忧的表情，还有皮皮家上面的窗户里只露出两只眼睛的动物的表情……只要能做到，还可以模仿房子旁边的水草的样子。孩子很容易就被吸引到图画书里了。爸爸妈妈做模仿秀的时候，孩子们肯定会哈哈大笑，然后每天都会拿出书来，要求读给自己听。如果孩子有了这样的反应，那就表明已经成功地培养出了爱读书的孩子。

给孩子读书阶段

给孩子读书的时候，父母的情绪非常重要。因为读书的时候，父母情绪的好坏会直接影响到孩子。如果父母心情不好，或者只是出于责任感勉强给孩子读书，那么孩子也高兴不起来。如果父母用愉快的声音给孩子读书，孩子自然也高兴，并且会继续从书架上抽出书来让爸爸妈妈读。所以，父母在给孩子读书的时候,应该带着一份童心,以愉快喜悦的心情倾注自己的真诚。如果需要雷声之类的效果音，可以给孩子模仿“轰隆隆”的声音。儿童出场要模仿童稚的声音。如果有爷爷奶奶出场，就要模仿老年人的说话语气。读书的时候做到这些，孩子绝对不会打瞌睡。另外，还可以充分灵活地运用童话口述磁带。但是不要忘记，即使采用音频图书的时候，也千万不要从开始就让孩子自己去听，而是要耐心地陪着孩子听故事，直到孩子被彻底吸引。

孩子经历了这个过程之后，如果再教给他播放 CD 或磁带的方法，那他就会反反复复地看这本书。于是，孩子就会知道什么时候翻书，接下来会说什么话，甚至能把整本书都背诵下来。这种现象在 3～5 岁期间最为常见。如果您希望自己的孩子热爱读书，千万不要错过这个阶段。

一起读书阶段

等到孩子稍微识字的时候，也许孩子和父母都会碰上烦恼。孩子从出生到四五岁的这段时间里已经接触了大量的书籍，所以能够接受几十页以上的书了。虽然能自己阅读却比较吃力，然而急于了解内容又是刚刚学会认字的孩子们共同的心情，所以他们会继续要求父母给自己读书。这时，父母却以孩子已经识字为由强迫孩子自己阅读。就像刚刚考到驾驶执照还不是很熟练的司机，却被要求从开始就独自上路行驶一样，这对于仅有初级阅读水平的孩子而言，显然有些勉为其难。

父母的烦恼当然也不少。孩子不识字的时候给孩子读书是父母的责任和爱，所以很用心。现在孩子识字已经好几个月了，一个人的时候明明读得很好，但是看到爸爸妈妈却不停地耍脾气，非要父母给自己读书。这样的孩子真让人操心。

“这样下去，该不会永远不能自己看书吧？”

“难道因为我是上班族妈妈，对孩子缺乏关爱了吗？”

“真应该让孩子尽快学会自己读书啊……”

然而这毕竟不是什么值得担忧的问题，孩子学会独立阅读之前，父母应该坚持给孩子读书，其实只要稍微陪着孩子读一会儿就可以了。如果已经给孩子读过 10 本左右的书，那么可以从中挑选篇幅最小的书，让孩子自己阅读一页，以后再逐渐增加。这样下去，孩子独立阅读就只是时间问题了。

独立阅读阶段

如果很好地度过了耐心陪读的阶段，那么现在即使父母再给孩子读书，孩子也会不喜欢了。因为这时候，孩子渴望独自阅读，认真看画、发挥想象和体验情感。如果这时有人在一旁，就会影响阅读效果。到了这个阶段，孩子们更喜欢绘声绘色的磁带朗读，而不是父母的声音。这时，父母也许会说：“哎哟，这家伙！想当初我那么疲惫还强打精神给他读书……”虽然有点儿失落，但是也无可奈何。孩子喜欢读书了，父母还是应该感到满足。

但是，这个阶段又要面临更大的麻烦，甚至超过了给孩子读书的阶段。家长们经常说：“你们只管多读书。想读什么书都给你们买，哪怕借钱也买。”话虽这么说，书价却是非常昂贵的。起先看着孩子读书心满意足的样子，定价数十万韩元的全集也不惜统统买来。凡是买过书的人都知道，两三套全集下来就需要上百万韩元了。紧紧巴巴积攒 12 个月生活费买回来的书，孩子不到一个月就读完了，读完之后还要求再买。此时的孩子正处于极富好奇心的阶段，要求阅读新书也是理所当然的事。

这时，父母就有些尴尬了。无论是多么昂贵的书，孩子只管囫囵吞枣地读完，然后再要。“至少阅读 10 遍，才能保证不亏本啊……这样怎么能行呢。”于是，父母便决定在新书上粘贴纸。

“来，每读一遍贴一张贴纸。贴完 10 张贴纸，就给你买新书。”

这样一来，孩子会把读书当成负担，于是视线迅速转向电脑游戏或别的地方。那样可真是前功尽弃了。

最好的解决办法就是利用附近的图书馆。如果去图书馆里借书，首先能够读到好书。另外，图书馆里不仅有各种各样的图画书、原创童话，而且还有百科全书、科学书籍、历史书籍等等，可谓应有尽有，因此能够选择各个领域的图书。周末去图书馆直接挑书阅读，然后在地下卖场里一块儿吃碗方便面，都会成为孩子终生难忘的回忆，还会衷心感谢父母给自己介绍了终身陪伴的好朋友——书。

指导孩子读书需要注意的几点

读书种类要丰富

书有很多种类。比如韩国传统童话、外国童话、原创童话、传记、童谣童诗、科学图书、百科全书、漫画书等。就像吃饭会挑选自己爱吃的食物，开始的时候孩子们容易将目光集中在自己喜欢的领域。因此，父母进行阅读指导时有必要认真考虑，引导孩子多关注种类不同的书籍。

在去图书馆借阅图书时，应多给孩子借阅种类不同的书籍。最好是亲自带着孩子去图书馆，如果有困难的话，那么至少应该每周更换一次新书。前面已经说过，关键是根据种类不同均衡借阅。只要参考各种组织团体根据题材、年龄推荐的好书目录，那么让孩子读到好书并不难。

任何强迫都应禁止

当刚刚开始识字的孩子正在阅读图画书的时候，千万不要强求孩子独立阅读。

孩子正在看画着苹果的图画书时，妈妈会这样说：

“这是苹果的‘苹’字，知道吗？你说‘苹’、‘果’。妈妈说的是什么？这个是‘苹果’，‘苹果’。来，再说一遍，‘苹’、‘果’。”

孩子看着苹果图画就会想到苹果树、感觉到苹果的酸味，并且联想到与苹果有关的故事。但是，如果父母只是指着苹果的图画不断重复说“苹果、苹果”，那么孩子除了“苹果”这两个字就什么也想不起来了。这么做是在破坏孩子的想象力。家长最好还是在旁边守望，让孩子尽情地想象，或者通过类似于“看见苹果你想到了什么”的问题锻炼孩子的思维。

不要总想确认

孩子们无法专注于书籍的内容，读得不求甚解，这当中是有原因的。既可能是因为书籍本身内容太深，孩子难以理解，也有可能是因为书籍本身枯燥无聊，或者对于这个领域不感兴趣。如果每月布置阅读30本书的作业，孩子就有可能读得马马虎虎。特别是小学1~2年级的孩子，为了鼓励他们读书，通常会用柱状图表示阅读量，孩子们依据柱状图的高度从老师那里领取糖果，当然也有人领不到，于是孩子们只去关注如何提高书的数量了。这时，糖果就成了获得老师承认与否的证据，糖果的多少对于孩子来说就变得非常重要。

这样一来，父母就很焦虑了。明明时间短到甚至读不完两本书，孩子却说已经读完了10本书。妈妈似乎不会轻易上当，于是就开始了内容确认的工作。

"主人公的名字叫什么？"

"哪年出生的？"

"这个人为什么死了？"

但是，这种逼迫孩子的做法并非恰当之举。无论何种方式，只有孩子愿意与书亲近，才会阅读更多的书籍，这才是孩子阅读的宗旨。

家中的必备书

孩子们通常会特别偏爱感人肺腑或者趣味盎然的书籍，家中最好常备，可以让孩子随时翻出来看看。孩子们的作业当中有很多需要查资料、作调查。如果不方便去图书馆，而且家里又没有可供参考的资料，那么孩子的学习欲望就会深受打击。虽然说网络搜索也是很简便的方法，但是网络上遍布着零碎或错误的信息，所以最好还是养成直接查阅百科全书的好习惯。

几年前，我曾经跟一位学习非常出色的初中三年级学生的妈妈交谈。我侧耳聆听了这名学生连续三年蝉联全校第一名的消息，便问孩子是怎么学习的。这位妈妈告诉我说，从孩子6岁起，她就开始坚持分期付款为孩子买书。我问的明明是学习方法，怎么回答的是分期付款呢？原来，这位妈妈答非所问自有道理。她想促进孩子学习，但是一家辅导班每月的费用至少要10万韩元（约合人民币570元）以上。于是，她就省下这笔辅导费来给孩子买书，这样孩子学习所需的参考书几乎都有了，孩子也养成了碰到不懂的问题就自己看书的习惯，结果后来学习非常出色。

只要善于查资料，就会成为学习优秀的孩子。因此，千万要在家里备好百科全书、科学书籍、历史书籍等作为参考资料，便于孩子碰到疑难问题时查阅（关于查阅资料请参考"5.作业和查资料，自学指南"）。

4 优等生的第一步从读书笔记开始

读书笔记使读书成为习惯

我经常碰到读起书来废寝忘食的孩子。如果问这些孩子的父母怎么做到让孩子这么喜欢读书，回答总是大同小异。都说没有特别费心让孩子读书，只是孩子们自己拿着书来让父母读，后来就逐渐陶醉于书的世界，什么样的书都爱读了。

话虽这么说，然而问得更具体些就会发现，他们都给孩子提供了不得不爱上读书的环境，只是他们自己觉得这是理所当然，没有意识到而已。有的孩子堂兄弟多，经常能获赠很多书籍；有的孩子模仿爸爸带着书上卫生间的习惯，继而迷上了读书；有的孩子跟着哥哥姐姐耳濡目染，自然而然地与书亲近起来。原因虽然各不相同，但是他们至少都有一个不得不爱上读书的理由。如果您家的孩子也身列其中，那真是值得庆祝的事情。如果孩子出于种种原因而没能多接触书籍，那么就应该从现在开始抓紧时间创造环境了。

看看那些刚刚迈进小学门槛、端坐在教室里的孩子们，别看他们表面差不多，都是幼小的孩子，其实内在的学习潜力有着很大的不同，随着第一学期的结束和第二学期的开始，这个差距就会逐渐地显露出来。小学一年级阶段，记事本、读书笔记和日记本会说明这个差距。三者都需要具备写作能力，而具有写作能力的前提是必须有阅读基础。结果，读书不多的孩子就面临着阅读和写作这两方面的压力。

在学校里，老师要求尽快写完记事本，孩子自以为写得很用心，然而妈妈却不停地要求写得干净整洁。孩子想写读书笔记，却又没读过什么书，甚至不知道怎么去写，好不容易养成了摘抄几页制作读书笔记的习惯，三年时间一晃而过，不知不觉就到了学业繁重的四年级。这时，记事本、读书笔记已经都不是问题了。但每年四次的期中考试和期末考试就很费精力，还要兼顾上辅导班、学乐器，以及晚上学跆拳道等，这些都要占用孩子们的时间。因为忙碌，孩子们感觉根本没有时间安安静静地坐下来读书，更不要说制作读书笔记了。

但是，正如前面已经说过的那样，读书是所有学习的出发点，更是成为优等生的第一条件。读书笔记则是培养读书习惯的重要手段。因此，最好以小学一年级为开端，像下面这样开始以读书笔记为主的读后活动。如果完全没有基础，那么无论现在是几年级，建议都要从第一阶段开始。

第一阶段：抄写书名

无论什么事，开始的时候必须要简单易行。读完书后，应该以这样的心态开始："啊，这种程度我还是可以写的。抄写书名真是太简单了。"

1月2日

①《小鬼皮皮》

②《龙虱》

③《李舜臣》[①]

---

①朝鲜时代著名的抗日将领，发明了龟船。——译注

第二阶段：制作读书清单，简单记录感受

序号	读书日期	书名	作者	作者国别	感受
1	1月2日	《小鬼皮皮》	蔡珠贤	韩国	皮皮的爸爸很勇敢
2	1月3日	《公主和破衣服》	藤田佐仓	日本	公主很有智慧
3	1月4日	《蚂蚁和蝉》	伊索	希腊	蚂蚁很勤劳
4	1月4日	《布莱梅乐队》	格林兄弟	德国	我也想进乐队去演奏乐器
5	1月5日	《丑小鸭》	安徒生	丹麦	哥哥们说它丑的时候好可怜

制作这张图表的时候，如果孩子还在上幼儿园或小学低年级，那么最好舍弃格子较小的笔记本，选择写生簿，便于画出较大的格子。为了让孩子体会到坚持阅读和写作的成就感，最好是在突破 30 本或 50 本书的时候给予适当的奖励。如果坚持不懈，平稳越过 200 部大关，那么从现在开始即使没有奖励,孩子也会喜欢阅读了,并且写作也会变得易如反掌了。写读后感的时候，无论孩子写下哪方面的感受，家长都要予以称赞，这样可以增强孩子的信心。

第三阶段：概括有趣的部分

即使在第二阶段写了很多感受，想要突然之间让孩子概括全书内容也是不可能的事情。如果从一开始就让孩子概括全书内容，那么孩子会感觉很有负担，也很难期待有什么学习效果。读完全书之后，让孩子翻开最有趣的部分，试着进行下面的对话。

妈妈：紫英真的很喜欢读书啊。现在读的是什么书呢？

紫英：《狼和七只小羊》。太有趣了。

妈妈：是吗？哪儿最有趣啊？

紫英：这儿。

妈妈：哦，原来是狼啊。狼在干什么呢？

紫英：为了吃小羊，狼正在吃粉笔。

妈妈：它为什么吃粉笔呢？

紫英：吃粉笔是为了变成羊妈妈的声音。

妈妈：狼为什么要变成羊妈妈的声音啊？

紫英：因为只有这样，小羊才会把它当成妈妈，给它开门呀。

紫英在读童话《狼和七只小羊》，和妈妈交流书里最有趣的部分。然后便可以进行下面的读后活动了。

1月3日

书名：《狼和七只小羊》

内容：为了吃到七只小羊，狼正在吃粉笔。吃了粉笔，变成羊妈妈的声音，这样小羊才会给它开门。小羊好可怜啊。

还读了什么书：①《多罗西是大力士》
②《莱特兄弟》
③《水知了》
④《蒲公英》

对于孩子来说，写作尤其是写下自己的想法是很大的负担。也许正因如此，要求写读后感的时候，有的孩子只知道胡乱翻书，甚至长达一个小时。这时不妨参考上面的例子，针对书中最有趣的部分，一边提问，一边交流，然后让孩子写下自己对内容的理解。这是很容易做到的事情。此外也要让孩子记下读过的其他书籍名称。这样一来，孩子在读书之后会感觉很充实，读书的欲望也会成倍增长。概括书的内容时应该根据孩子的能力，从最初的一页逐渐增加分量。

第四阶段：概括全书内容

第一阶段只写书名，第二阶段简单记录感受，第三阶段概括书的部分内容，如果孩子能坚持下来，那么概括全书内容就不是什么难事了。假如感觉第四阶段有难度，不妨回过头来，针对第三阶段进行充分的练习。概括全书内容在读后活动中最为重要。这是因为读后感不同于记录个人想法的日记，必须理解他人的想法，也就是作者的意图。只有弄懂文章的全部内容，才能理解作者的意图；只有理解作者的意图，才能对其作出批评。

作为概括全书内容的环节，写短文向朋友介绍好书也很有帮助。因为不管是什么，只要想介绍，首先自己必须了解。如果多做练习，也可以很好地表达文章的全部内容。

书名：《蚂蚁和蝉》

你好吗？敏硕。我是东俊啊！

这本书太有趣了，我给你介绍介绍吧。

名字叫做《蚂蚁和蝉》。

故事情节是这样的：某个炎热的夏日，蝉在紫罗兰花上面尽情地玩耍，但是蚂蚁们却在辛勤地忙着搬运粮食。

蚂蚁们的仓库里已经储存了很多很多的粮食。

蝉却在嘲笑蚂蚁。

这么好的天气为什么要工作呢？

不知不觉就到了冬天。

蚂蚁们在温暖的家中吃着充足的粮食，然而蝉却没得吃，只能忍受饥饿。

蚂蚁觉得蝉很可怜，就请它吃自己的粮食。

怎么样？好玩吧？你一定要读哦。

第五阶段：寻找文章主题

如果已经能够轻松地概括文章的全部内容，那么找出文章的主题也就不难了。至于寻找主题的方法，我们推荐的是给主人公写信的方式，这也是读后活动中孩子们最感兴趣的做法。因为孩子们读书的时候会有自己变成主人公的感觉，对主人公十分好奇和关注。如果让他们给主人公写信，不仅能够很好地归纳内容，而且还能够自然而然地表达出自己的想法和感受。

也许是因为孩子们对主人公怀有很大的好奇心，信中常常会向主人公提出很多问题。通过对主人公的提问，孩子也就能够领悟书籍的主题了。

你好吗？丑小鸭。

是因为别的鸭子们觉得你丑，所以才啄你吗？

啊，对了！忘了介绍我自己了。我叫金智慧。

当别的鸭子啄你的时候，你想到了什么？

还有你和天鹅对话的时候呢？

野鼠大婶给你食物的时候呢？

虽然因为丑而被啄，但是你不要难过，因为你是天鹅。

再见。

第六阶段：评论

如果理解了文章的全部内容，并且把握住了主题，那么接下来就需要自己的评论了。最好的方法就是让孩子成为主人公。孩子们在第五阶段向主人公提问题，这时可以自己来回答。如果让他们以主人公的口吻写作，则会冒出很多大人想象不到的奇思妙想，令读过的大人吃惊不已。

读书之后，因为每个人的知识、经验、观点不同，所以对于书籍的理解也会千差万别。对于读后活动而言，不仅要写出自己的想法和感受，最重要的是了解别人的想法。这样就会重新领悟到自己没有想到的东西，理解别人的所思所想，从而拓宽自己的视野。如果跟朋友交谈的话，还能进行逻辑思考和口头表达的练习，起到“一石三鸟”的作用。因此，我强烈建议多和朋友一起读书、讨论。

即使读了很多书，而且有着明确个人想法的孩子，如果平时很少参加讨论，慢慢地就会羞于面对众人讲话，而且也没有自信。这时，最好让孩子们拿着第五阶段写的东西轮流阅读，孩子之间的交流也就逐渐展开了。讨论的时候，引导讨论的人应该提出几点意见，便于讨论的进行。不知不觉间，孩子们兴奋起来，自然就被讨论吸引住了。要是在笔记本上整理出讨论的内容，那就是优秀的读后感。下面的例子是小学五年级的孩子们整理出来的讨论内容和自己的意见。

讨论整理的样式

书　　名　《蚂蚁和蝉》
制 作 者　郑多熙
制作日期　4月22日

讨论主题

蚂蚁把食物分给不工作的蝉，这样做正确吗？

讨论内容

金镇赫：不正确。因为蝉必须该醒悟了。《圣经》上说，若有人不肯做工，就不可以吃饭。如果不给它粮食，他就会明白："啊！我必须工作才能吃饭啊！"
郑多熙：正确。因为如果蚂蚁不给蝉食物的话，蝉就饿死了。
白珠贤：不正确。蝉也应该工作才能吃饭。要是它做个冬天也能工作的歌星就好了。
郑夏准：正确。因为蝉很可怜。
崔大旭：不正确。因为蚂蚁努力工作的时候蝉在嘲笑蚂蚁。

我的综合意见

蝉没有努力工作，如果蚂蚁再不给它食物的话，它就会饿死了。拯救生命是大事。
如果因为蝉犯了错误就不给它食物，那么它还是不能改正错误，死得太冤枉了。如果给它食物，它会想到："啊，这样是不对的！"从此以后它就会努力工作了。
因为蝉犯了错误就拒绝了它的请求，不给它食物，我觉得这不符合蚂蚁的性格。

我也碰到过类似的事情。
有一次我们坐公交车回家，白珠贤向我借100块钱。我没有钱，所以没借。结果白珠贤只能步行回家了。
当时我不借是因为我没有，如果蚂蚁有也不给的话，那就很奇怪了，也不正确。所以，我认为蚂蚁给蝉食物是正确的。

第七阶段：丰富读后感的形式

读完书后，如果能够很好地概括全书内容，充分理解作者的中心思想，并且能够整理出自己的想法和感受，那么接下来就应该尽情发挥创造力了。这时要告诉孩子各种读后感的形式，从而丰富孩子的作文种类，有助于他们写出风格多样的文章。

1. 写出与书中内容相似的经验
2. 拿书中内容对照自己的情况
3. 用图画表现有趣的事
4. 用漫画表现文章内容
5. 用诗歌概括文章内容
6. 用书的名字创作“三行诗”
7. 临摹书中的图画
8. 把书中内容改编成问答题
9. 想象、创作后续故事
10. 画出书中的图画，留出对话气泡

如果孩子讨厌写读后感，或者感觉有难度，那么利用图画丰富的低年级科学书则非常有效。童话书需要孩子把握故事的来龙去脉，并且总体弄懂之后才能写出文字，而科学书籍只要对图画作出说明就很容易写出文章了。下面的短文只是摘录科学书里的内容，却是非常不错的读后感。写科学书籍的读后感不仅能够丰富科学常识，而且有助于整理笔记和完成作业。

书名：《纹白蝶》　　　　　**阅读日期：**×× 年 × 月 × 日

纹白蝶需要2~3天的时间由卵孵化成幼虫。

幼虫是黄色的。成长过程中逐渐变成黄绿色。幼虫变成纹白蝶之后会长出大眼睛。这种蝶的眼睛是由大量单眼聚集而成的复眼。纹白蝶的翅膀上覆盖着大量磷粉，能够避免被水打湿。我最新了解到的事实是纹白蝶以蛹的状态过冬。

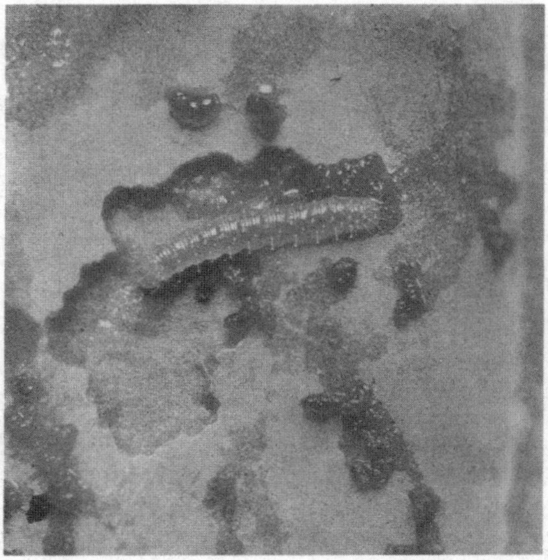

◀正在吃卷心菜的幼虫

刚刚出生的幼虫是黄色的。头部紧贴卷心菜叶，小口小口地咬食。幼虫边吃绿叶边长大，身体也逐渐变成绿色。

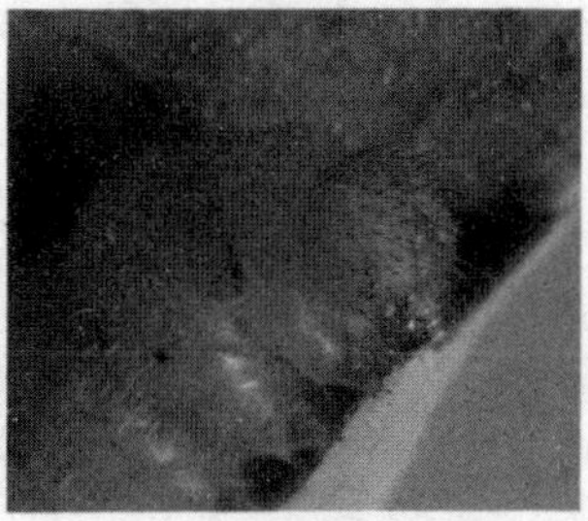

▲吃叶子的幼虫

幼虫用脑袋下面巨大的下颚切开叶子，然后食用。

刚刚出生的纹白蝶幼虫呈黄色。它用小下颚咬食卷心菜叶，逐渐长大。幼虫长大之后，身体的颜色也会改变，最后变成与卷心菜叶相似的黄绿色。身体长大之后，幼虫开始蜕皮，成长为比幼虫大 10 倍的青虫。

如果孩子很难概括文章内容，巧妙利用思维导图会让他感觉写作文并不难。像下面这样画出思维导图，再用重点词语描述出来，就会比较轻松地概括出文章的整体脉络了。

《三只小猪》的思维导图

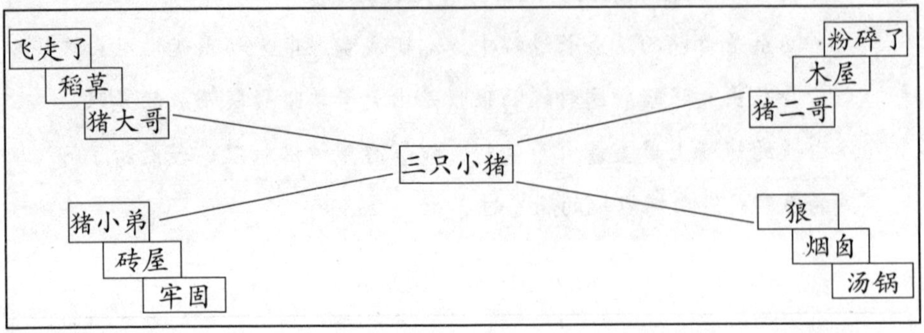

题目：《三只小猪》　　　　　**阅读日期：**××年×月×日

很久很久以前，有三只小猪。

猪大哥用稻草盖房子，猪二哥用木头盖房子，猪小弟用砖头盖房子。狼饿了，于是来到猪大哥的房子前，呼地一吹，稻草盖的房子就飞走了。猪大哥跑到了木头房子的猪二哥家，狼又粉碎了木头房子。猪大哥和猪二哥跑到了用砖头盖成牢固房子的猪小弟家。这个房子太结实了，狼进不去。它想通过烟囱爬进去，结果掉进了汤锅，烫死了。从此以后，三只小猪过着幸福的生活。

对于不会用诗歌表达的孩子，家长可以这样做：在孩子读完有关大海的书后，指导他写下想说的话，然后相互连接起来。

孩子写的关于大海的话

波涛，哗啦啦，舒畅，玩水，太阳，扑通扑通

哗啦啦的波涛啊，请你给我的朋友带个信

灿烂的太阳啊，请向爷爷转达我的心情

用诗歌表达的例子

题目：大海

波涛荡漾的
大海
让我的心情变得舒畅

可以扑通扑通戏水的
大海
成了我的朋友

无论何时，我的心
就像大海一样

像上面这样，教孩子按照自己的想法罗列语句，连接起来就是很出色的诗歌了。

指导读书笔记时需要注意的几点

父母永不冷却的热情至关重要

如果仅仅做了一两次便抱怨说“太难了，这个方法不适合我的孩子”，从而彻底放弃，那么肯定起不到任何作用。任何事只要坚持不懈，总会有结果。就如同做饭一样，不可能刚点着火饭就熟了，得花时间。

因此，父母的态度至关重要。“我的孩子不行”，这样的想法只能导致孩子真的不行。“我的孩子也能做到”，这样想孩子就会开始改变。决定孩子前程的不是父母的热情而是期待，不是父母的操心而是耐心。

阶段提升的时候需要注意

即使拿着同样的书，又在同样的时间接受读书指导，每个孩子还是会表现出差异。几个月后，孩子们更不会处于相同的阶段。因为父母的欲望驱使，如果孩子的能力尚未达到而盲目提高难度，那么就会碰到意想不到的问题。事实上，读书并不存在难易之分。孩子能看艰深的科学书籍，大人也可以欣赏孩子们的童话。只是为了方便引导孩子们的读后活动，所以才进行读书笔记写作的指导。如果孩子感觉当前阶段太简单，那么进入下面的阶段是再恰当不过了。只要不加强迫，不跟别的孩子作比较，而是坚持不懈地倾注热情进行指导，那么孩子就会达到乐于阅读和写作的阶段。

因为单以高考成绩很难判别出优秀的学生，所以现在的大学正在提高论述和面试的比重。升学考试专家也在设想，论述应当成为决定大学入学考试合格与否的重要因素。提前应对这种倾向的最好办法就是读书和写作。论述的核心在于正确理解他人的话语和文章，然后富有逻辑地提出自己的见解，为此，必须以丰富的阅读为基础。

高校老师们说，“要想做好论述，必须具备熟读古典名篇、把握其主题的能力。为此，必须拿出时间阅读古典作品”。

如果从小学阶段养成读书和写作的良好习惯，那么不仅培养了理解力、思考力和表达力，还为论述打好了基础，而且别的课程也能轻松学好。对于初学者来讲，写作的目的是表现对事物的广度理解和深度思考。至于写作的技巧，将来再学也不晚。现在最需要的是多读、多想、多写。

5 作业和查资料，自学指南

如果孩子做作业的时候无师自通，家长固然不用担忧，但是如果孩子整天在外面玩耍，直到很晚才想起还没完成作业，父母就不能不操心了。既没有合适的资料，又不懂方法，加之玩耍之后的倦意不住地袭来，这时的孩子就会感到厌倦，转而寻求父母的帮助。然而父母也会同样感到不耐烦。到了小学四年级，已经不同于低年级阶段了，作业量大大增加，再也不能照着词典随便抄抄就能交差了。这时，父母就会比疲于完成作业的孩子更加痛苦："到底是孩子的作业啊，还是妈妈的作业啊！"那么，这种苦恼又该如何解决呢？

作业应该摆在学习的第一位

首先，应该引导孩子放学回家后先完成作业。即便是不得已推迟到了晚上，那么也应该养成在白天查好作业所需资料的习惯。如果等到晚上开始写作业却又发现没有资料，那就很麻烦了。查资料的时候，最初需要父母的帮助。如果妈妈在单位上班，那么就会自然而然地出现下面的对话：

秀智：（给正在上班的妈妈打电话）妈妈，今天的作业是"调查动物的环境适应”，您回来的时候顺便去图书馆帮我借点儿资料吧。

妈妈：好的！秀智写作业需要资料，妈妈当然要给你借了。

秀智：谢谢妈妈。啊，对了，再帮我借几本有趣的童话。

妈妈：知道了。秀智，要乖哦。

应该让孩子学会自己整理资料。无论是翻阅百科全书，还是直接去图书馆，都能找到需要的资料。如果情况不允许，自己也要清清楚楚地交代妈妈帮助自己查找什么资料。有了丰富的资料，写作业的过程就会变得愉快。

父母把握方向，孩子独立完成作业

无论作业所需的资料有多么丰富，如果没有分析、整理和编辑资料的能力，就体现不出资料的价值。如果父母在孩子做作业的时候总是提出这样那样的意见，很容易让孩子产生依赖心理，所以应该以关心为前提，帮助孩子把握总体的方向。这时，不妨尝试进行下面的对话：

秀智：妈妈，这个作业怎么做啊，我一点儿都不知道。

妈妈：是吗？那老师为什么要留这个作业呢？

秀智：科学课上学到了环境适应的内容，课堂上学不完，所以老师让我们先调查动物的环境适应。

妈妈：那我们一起看看参考书最前面的学习目标吧。

秀智：（翻看参考书）妈妈，这里有学习目标。动物们会根据环境改变自己的身体，需要了解各种动物是如何适应环境的。

妈妈：哎哟，秀智好聪明啊。这样下去我的秀智肯定能成为生物学博士。那你就从资料里找出身体变化的动物，再做整理吧。

秀智：妈妈，作业太多了，您能不能帮我点儿忙？

妈妈：啊，当然要帮忙了。尽管说吧。我帮你剪画，涂胶水，你来安排内容。哇，秀智太有风度了，真像个动物学博士啊。要我先帮你做什么？

也许孩子会耍心眼说自己不会，但是无论如何也不能帮孩子做作业。父母只能在旁边起辅助作用，哪怕觉得孩子笨拙也要极力称赞。如果从小学就开始代替孩子做作业，难道将来还要替孩子去上大学吗？

关于动物适应环境的作业

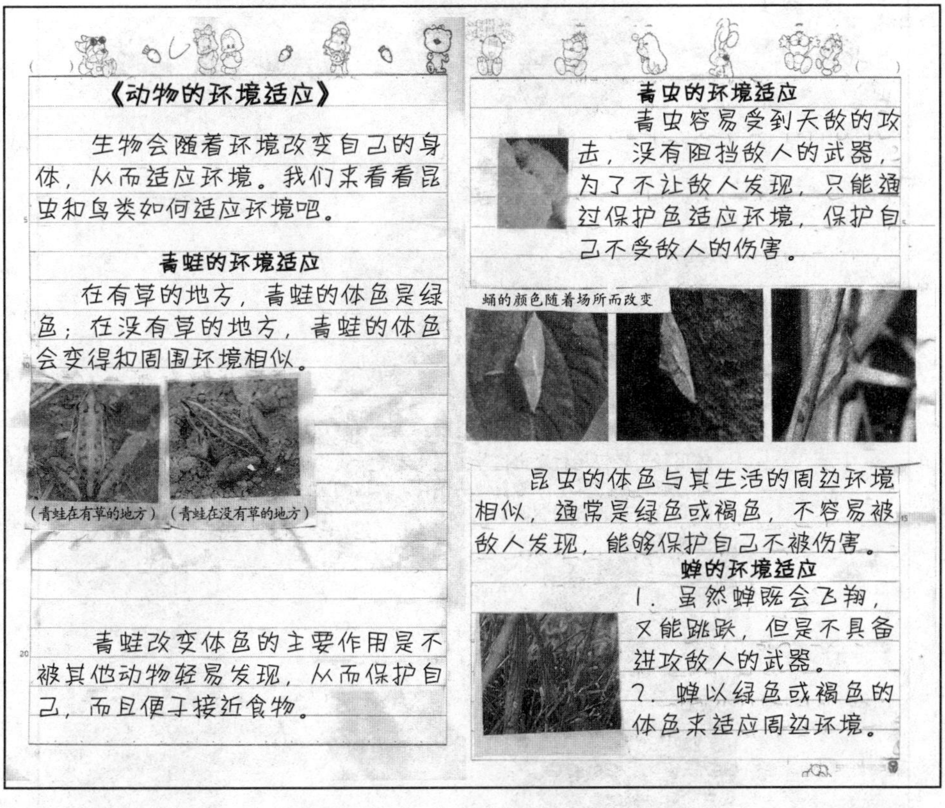
《动物的环境适应》

生物会随着环境改变自己的身体，从而适应环境。我们来看看昆虫和鸟类如何适应环境吧。

青蛙的环境适应

在有草的地方，青蛙的体色是绿色；在没有草的地方，青蛙的体色会变得和周围环境相似。

（青蛙在有草的地方）（青蛙在没有草的地方）

青蛙改变体色的主要作用是不被其他动物轻易发现，从而保护自己，而且便于接近食物。

青虫的环境适应

青虫容易受到天敌的攻击，没有阻挡敌人的武器，为了不让敌人发现，只能通过保护色适应环境，保护自己不受敌人的伤害。

蛹的颜色随着场所而改变

昆虫的体色与其生活的周边环境相似，通常是绿色或褐色，不容易被敌人发现，能够保护自己不被伤害。

蝉的环境适应

1. 虽然蝉既会飞翔，又能跳跃，但是不具备进攻敌人的武器。
2. 蝉以绿色或褐色的体色来适应周边环境。

如果从低年级阶段就对孩子多加留意，帮助他查阅资料，并且适时称赞，孩子进入高年级之后就会常常以令人赞叹的奇思妙想完成作业。在校学习通常以老师传授、学生接受的方式进行，然而家庭学习的方式却截然不同，孩子首先会通过作业找出不懂的问题，然后经过思考获得解答。因此，认真指导孩子做作业非常有必要。这就像孩子刚学骑自行车的时候应该给予亲切和蔼的指导一样。

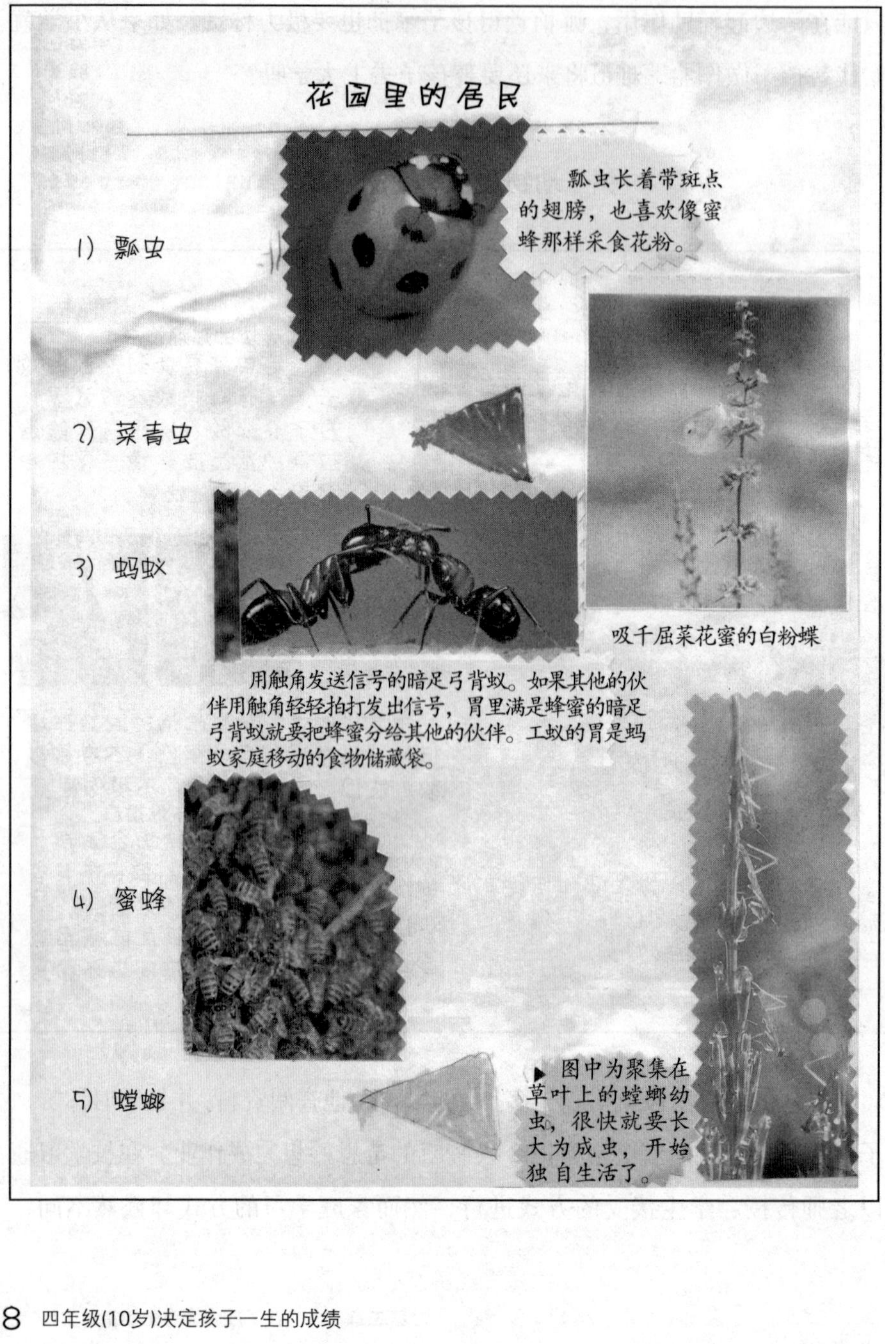

作业和查找资料，培养自学能力

有一次，老师布置的家庭作业是收集与昆虫有关的资料。尹成收集到的资料很零散，随身携带有诸多不便。于是，他剪贴好必需的资料，贴上说明，整理得干净利落，甚至还加了封面。别的同学大部分都只带了一本与昆虫有关的书籍。

尹成胸有成竹地接受了作业检查。老师拿着装订漂亮的作业走到前面，表扬了尹成。整个第一学期，尹成的作业总是被张贴在教室的墙上。从此以后，尹成更是变成了“作业写得好的孩子”的代名词。正是因为这件事，尹成获得了自信，后来学习更加积极了。

尹成作业写得好的秘诀在于报纸。他把自己需要的部分从报纸上剪下来，夹进《小学生大百科全书》里。当然并非仅限于报纸，他甚至把用过的参考书和杂志里面有资料价值的图画和照片都收集了下来，可以说是应有尽有。剪贴下资料之后，只要夹进大百科词典的相关条目，以后做作业的时候就可以信手拈来，变成最有个性的作品了。

大部分的作业都需要查找资料和整理资料，所以很好地查找资料并加以整理便成为做好作业的关键。作业的目的是培养学生解决问题的能力，这也是查找资料的目的。如果善于查找资料，那么自学能力也就养成了，而且知识还会得到深化。

善于自学的孩子都与查找资料有着密不可分的关系。从小养成查资料习惯的孩子学习起来就像寻找隐藏的图画，会觉得很有趣味。只要对学习感兴趣，那么自学也就是理所当然的事情了。

我们看小学教科书，前面是简单的概要，然后是图画和照片，紧接着是简单的问题和习题。通常是这样的形式：调查、讲述、寻找、活动。然而很多孩子在学习过程中只是针对教科书里的问题进行简单的回答。进入高年级之后，这些孩子和那些查阅本单元相关资料进行学习的孩子会表现出很大的差距。差距扩大之后，往往很难缩小。这是因为知识的深度比数量更能体现差别。如果一边写作业一边查资料，那么教科书内容以外的各种背景知识也会随之涌现。这些背景知识能够帮助学生理解下个学年中继续深化的教材，从而让学习变得更轻松。

到哪儿找资料?

寻找与教材课程相配套的资料并不是简单的事情。如今教辅书泛滥，互联网上的信息和资料更是铺天盖地，然而真正适合孩子水准的资料却很难找到。下面就告诉大家应该到哪儿去寻找资料。

吃透教科书

要想成功找到资料，首先应该知道自己需要什么样的资料，为此必须吃透教科书。最重要的是认真查看教科书里出现的图画和问题，配合本单元要求必须掌握的内容，想想需要搜集、整理什么样的资料。

实践事项

- 在手册上简单记录需要搜集什么资料。

利用附近的图书馆

图书馆里准备了涉及各门功课内容丰富的参考书。当然，也不是只要进了图书馆，就会立即碰到符合自己要求的资料。最开始的时候，也许要耗费很多时间才能找到称心如意的资料。但是，耗费时间越多，以后查找资料就会越容易，时间也会大大缩短。几个月下来，图书馆各个角落里的资料都找遍了，那么以后闭着眼睛也能知道资料放在什么地方了。

实践事项

●找到各门功课的相关参考书，根据需要借阅或复印。

●暂时不借阅的，可以记下书名和出版社。

●誊清借阅书籍的目录，以备将来使用。

利用书店

词典之类的工具书不能借阅，因此只能去书店购买。这时最重要的是不可盲目地购买著名出版社的版本，而要看是否符合孩子的水准。每周去趟书店，关注新出的教辅图书，也是很有必要的。如果经常去书店，那么很容易就能把握学校教育的趋势和方向。

实践事项

●即使不当场购买，也要记下新近出版的教辅图书的书名、出版社，以及能够满足自己哪些方面的需要。

利用杂志

小学生能看的杂志有很多，但是科学杂志因为照片和资料丰富而成为最好的学习资料。

大儿子昌赫读小学四年级，正是学习地层和化石的时候。孩子认真寻找参考书的过程中，突然惊叫道："啊！课本里的这幅图在哪儿见过……"原来他曾经读过某本刊载了地层报道的科学杂志，并做了整理。但是，这本科学杂志真正发挥作用却是三年之后的初中一年级。初中一年级的科学课学习的是岩石，难度很高。小学时候仅仅学到堆积岩、花岗岩和玄武岩的程度，然而初中阶段却按照色泽和硬度对岩石进行了更细致的划分，如石英、黑曜石、正长石、黑云母、萤石、滑石、金刚石等，可以说是非常困难。孩子也找了几种参考书，想要好好学学岩石，可惜术语过于晦涩艰深，感觉非常困难。但是，他突然想起了小学四年级时看过的科学杂志，便翻出来重看，结果发现杂志上面不仅有自己想知道的内容，而且配有翔实的照片，还作了深入浅出的说明。

实践事项

- 按照功课对杂志进行分类，便于查找自己想要的资料。

活用照相

如果碰到翻遍了书也找不到资料的情况，最好采用直接照相再做整理的办法。大儿子昌赫在小学一年级学过“形形色色的房屋”，当时就直接拍摄了韩国传统民居的照片。首先贴上参观民俗村时拍摄的照片，然后剪贴参考书中出现的韩国传统民居内部照片，写出韩国房屋的特征和优点，装订之后交到学校。学习“家里饲养的动物”的时候，昌赫也是直接拍照，自己进行整理。这样就能制作出非常有个性的资料了。

活用报纸

报纸上有很多照片、图片和图表。即使当天没什么用，但是收集起来，也许在几年之后会变成很好的资料。剪下报纸上的照片或图片，插进百科全书的相关页面，可以灵活用作很好的学习资料。

实践事项

- 剪下报纸上的各种照片和图片，分门别类地夹进百科全书。
- 最好按主题另外制作报纸文档。

活用旅游导游图

如果把旅游途中的导游图收集成册，则是很好的资料。这些资料详细记载着当地的地形、特产、地名由来及遗迹文物等，对于将来为作业提供资料

①学校对学生运用所学知识的考量和评价。——译注

非常有帮助。

四年前，昌赫曾经为了探访洛东江而去过安东，收集了各种各样的导游图。三年之后，初中的社会遂行评价①中要求学生制作地方旅游导游小册子，昌赫巧妙运用自己搜集整理的资料，结果得了满分。

作业必须要做，而且要让孩子独立完成。无论是学习还是写作业，没有哪个孩子一开始就能做到完美。但是经过努力之后，孩子产生了自信，总是对自己充满信心，时间长了会形成习惯，不知不觉间就具备了不可撼动的实力。写作业是培养孩子解决问题能力的好办法。如果能够灵活运用作业这一手段，那么将会成为孩子终生受益的财产。但是，如果是父母包办的作业，则宁可不做，因为这样的孩子长大之后只会更多地依赖父母。只有带着责任感积极地解决问题，才能成为潜力无限的孩子。如果这样的力量变成潜力，那么在进入初、高中之后，完全可以不用辅导班和家教的帮助而成为独立自主学习的孩子。孩子养成了自己查阅资料的习惯，无异于得到了宝物仓库的钥匙。

6 整理笔记等于积攒宝物

整理笔记的技巧

也许是因为太熟悉电脑了，现在的孩子们普遍讨厌写字，更讨厌整理笔记。但是，这种令人讨厌的笔记整理和考试有着密不可分的关系。学校里的期中考试和期末考试均由授课老师负责出题，大部分题目都来自课堂上老师在黑板上写的内容。老师没有教过的地方不会出题，这样说绝不过分。

如果说资料搜集如同寻宝，那么整理笔记就像在仓库里整理和堆放找来的宝物。通过整理笔记的习惯可以学到整理资料的方法，所以说以笔记为主的资料整理非常重要，不亚于用头脑学习知识。未经整理的资料在需要时往往不能正常发挥作用，而且没有养成整理习惯的孩子也容易错过很多东西。

在笔记上整理老师的话和写下的内容

老师在学校里反复强调的话和让学生在下面画线的部分，都应该在笔记上进行整理。甚至可以说这些内容肯定会在考试中出现，如果在笔记上认真细致地整理出这部分内容，那么还有比这更准确的答案吗？有的孩子甚至会记下老师说过的玩笑：“啊，对了，当时老师让我们背诵的时候还开过这样的玩笑呢！”

因为运动会、观摩旅行、演讲等活动很多，所以没能赶上的进度，尤其是社会、科学课程经常会通过笔记来解决，这种笔记也是答案。老师们会记下最核心的内容，乍看起来会有些难度，这是因为只有核心用语，没有解释说明。如果带着整理好的笔记，参考教科书和教辅书中的说明，就不用担心考试了。

整理学习目标

出人意料的是，大多数的孩子都不知道学习目标的重要性。学习目标未做整理，这就好比坐上火车却不知道要去哪里一样。无论哪门功课，单元前面都会有学习目标，对此必须进行整理。

开始的时候，只要看看学习目标是什么就行了，然后充分学习教科书的内容,最后要整理学习目标和与之相对应的核心内容。整理核心内容的时候，最好不要照抄教科书或参考书，而是按照自己的理解，用自己的语言进行整理。如果照抄参考书的内容，那么很可能是不理解含义，而只背下了文字。若能用自己的语言加以整理，则会在充分理解的基础上牢记在心。

整理出个人特色

整理笔记的时候，有的孩子字写得密密麻麻，没有空白，小得像蚂蚁。如果被告知考试的时候要背诵笔记上的内容，那么这个孩子肯定会因看不懂笔记而束手无策。

笔记应该摘要老师说过的话和教科书上的核心内容，并且让自己容易看懂，所以应该用自己的方法整理笔记。最好用彩色圆珠笔装饰题目，这样只要看到题目就能很容易地知道内容了。另外，写下题目和说明之后，应该另起一行，便于清楚地区分后面题目的内容。

此外，不要把整页纸都写满，文字占页面 80% 左右，留出足够的空白，以方便了解内容。如果在空白的地方加入与内容有关的趣味插图，那么整理出来的笔记就很完美了。

整理错误笔记

整理好笔记之后,接下来就需要测验了。测验的办法当然是解答问题了。如果试题从孩子们整理的笔记中出，那当然是好事。但很多情况下，孩子们觉得自己的笔记整理得很好，可是一到做题时，却总是犯迷糊，这让他们感到特别郁闷。经过冥思苦想之后，不得不猜一个答案，结果却是错的。其实我们应该感谢这种出错的情况，因为纠正了练习当中的错误就等于是解决了实战中将遇到的问题。当然了，前提必须是通过错误笔记分析清楚犯错误的具体原因。因为孩子是在没有彻底理解的状态下答错了题，只要真正理解，以后就不会犯类似的错误了。

因此，答错的问题必须进行整理，进而彻底解决。事实上重复犯错的情况经常出现，这都是因为没有整理错误笔记。这无异于抬脚踢走了送到自己面前的机会。

举例说明错误笔记整理的方法

问题1)：下面关于正方体和长方体的叙述之中错误的是哪个?

①长方体共有6个面。

②正方体共有8个顶点。

③长方体共有16条棱。

④长方体两个底面的形状相同，大小相等。

⑤正方体的所有面大小相等，形状相同。

上面的问题是找出错误的答案。这里的正确答案是③，学生们经常错误地解答为②。这是因为学生没有准确理解顶点和棱的概念。

数学错误笔记

关于正方体和长方体的说明

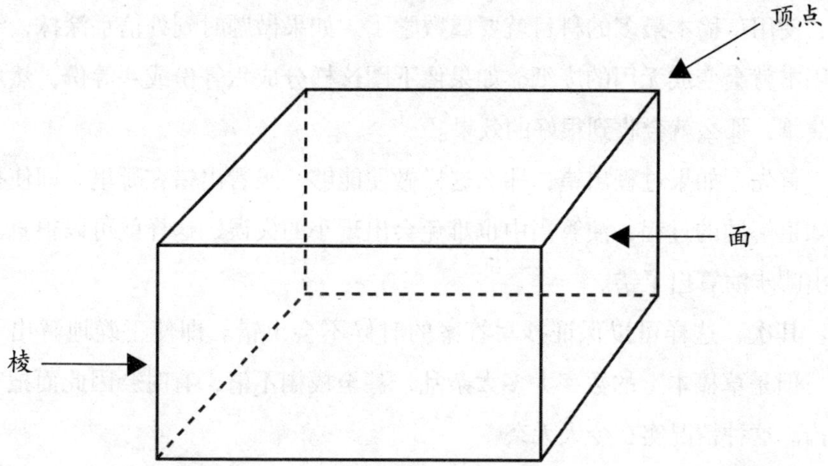

- 长方体、正方体的面——6个
- 长方体、正方体的顶点——8个
- 长方体、正方体的棱——12个
- 长方体两个底面的形状相同，大小相等
- 正方体的所有面大小相等，形状相同

正如上例所示，首先写出答错的问题，如果有图也要画出来。还要写出符合题目的全部选项，错误选项要根据标准答案进行改正。这样一来，必然能够准确理解正方体和长方体的面的个数、顶点的个数和棱的个数，即使下次改变选项、再出现类似的题目也不会犯错了。

整理错误笔记的目的是借助问题准确理解概念，确保面对同类问题的时候不会反复出错。不仅是答错的问题，即使稀里糊涂答对的题目也应该整理出来。

草稿本也要整理保存

草稿本不过是用来做做草算题罢了。但是，如果能灵活运用这些看似无用的草稿本，就会收到神奇的效果。

使用草稿本最多的科目就要属数学了。如果做题时到处信手涂抹，结果草稿本就会变成无用的废纸。如果像下图这样分成六等份或八等份，然后分栏演算，那么就会收到很好的效果。

首先，如果过程出错，那么这样做便能够一眼看出错在哪里。即使孩子们知道解题的过程，演算当中也难免会出现小的失误，这样就可以很直观地找出哪步演算出了错。

其次，这样可以保证抄写答案的时候不会出错。即使正确地解出了题目，但是草稿本上的数字太多太杂乱，甚至模糊不清，有时会因此而把答案抄错。这种情况实在令人无奈。

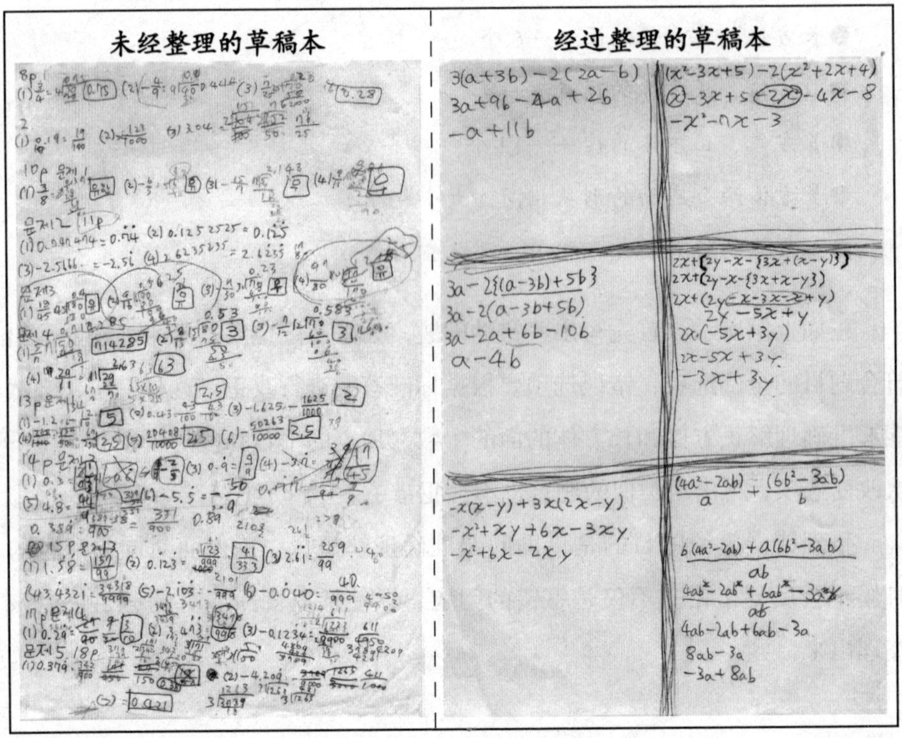

再次，如果是区分与前面类似的题目，那么这样做的好处便是容易查对。“这个问题怎么解答呢？”碰到这样的情况，可以迅速翻阅分栏草稿本。

如果你能从小学一年级开始收集这样的分栏草稿本，那你的数学成绩将会非常优异，因为它能很方便地发现和填补不足。

制作自己的词汇库

阅读量不足的孩子在理解词汇和概念的时候往往会感到吃力，至于解答叙述型的问题或者数学课上解答应用题的时候更是如此。并且近年来，这样的题型占的比重越来越大。所以对于孩子们来说，概念和词汇的理解就成了非常重要的部分。从长远来看，必须要引导孩子多读书，并且有必要制作自己的词汇库。

如果频频遇到不懂的词语，那么孩子们的耐心就会受到挑战，自学也会变得很艰难，所以遇到不懂的词语就应该立刻去查语文词典，记下意思，这样就是很完美的词汇整理了。每门科目都要制作自己的词汇库，以方便学习的时候灵活运用。

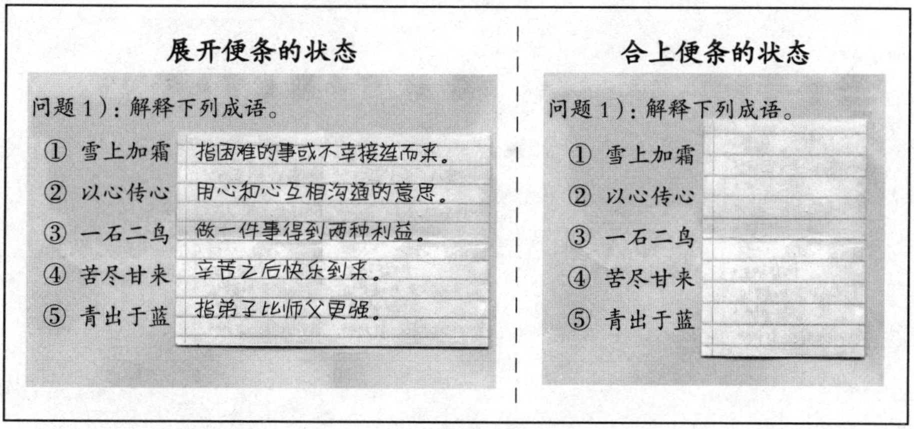

如果感觉制作词汇库很难，那么还可以利用自己看的参考书整理词语，在书中的相应位置贴上便条，这也是不错的方法。不仅在学习中可以随时查看，而且还能受益终生。整理好词语的参考书不要丢弃，继续留作资料使用，那么它就会成为写作业时的好帮手，从而发挥巨大的作用。如图所示，惠成找出自己不懂的四字成语，用便条的形式整理好后，再贴在问题旁边。

7 语文是思考力的基础

小学新生在第一学期的适应期结束之后，书包里必不可少的东西就是听写笔记本。现在，几乎没有哪个孩子在上学之前还不识字的，父母对于孩子的听写分数也抱有很大的期待。这是因为在这一阶段，孩子们的听写分数标志着他们语文水平的高低。如果达到了90～100分，父母就会认为孩子的语文已经很棒了，于是就疏忽了语文的辅导。进入高年级之后，如果孩子的语文分数下降，家长就会迎头棒喝："叫你不好好学习，语文成绩怎么这么差？"事实上，父母也没有什么好办法。

英语和数学还可以请家教来补课，然而语文不仅没有合适的老师，而且家长们甚至觉得没有在这上面花钱的必要。"现在还小，理解不了别人说话的意思，所以才会这样。毕竟是母语，稍微大点儿也就理解了"，家长的心里怀着这样茫然的期待。话虽这样说，心里还是不免担心，于是买回来大量的自习书和习题集，拼命督促孩子看书。结果如何呢，语文成绩并没有像期待的那样好转。如果就这样读完小学六年，然后升入初中的话，那么对孩子来说，语文很有可能会成为最难的功课。

数学是只要学习，成绩就会很明显地上升，而语文却显效甚微。这也是理所当然的事情。因为语文毕竟不是单纯的课程，包含着听、说、读、写、知识和文学等六个不太容易掌握的方面。即使读了很多书，也并不意味着语文成绩肯定优秀。那只是语文的一个领域罢了。只有在语文的六个领域全部做好，才能真正学好语文。所以说语文也需要认认真真地学习。

听

翻开小学一年级的听说课本，我们会看到这样的图：动物朋友们围坐在一起听兔子老师说话，熊却走神了。画得很有趣。每当新学年的时候，就会以这幅画为开端，给孩子们强调听的重要性。

听别人说话的时候，并不只是简单地认真听，而是应该准确听懂对方要

说什么。更进一步，听完之后，还应该批判性地比较、分析对方的意见和自己的意见。正是因为做出这样的评价更为困难，所以听的重要性存在着被忽视的倾向，但是它在人际交流中占据着很大的比重。如果忽视了听，那么不仅正常的交流变得困难，而且还会造成非常严重的后果。

为了取得良好的效果，首先必须敞开心扉，积极地倾听，直到对方说完。对听而言，大部分的失误都是因为只听了开头和局部，就按照自己的意愿去作出判断。另外，如果说话人的想法和自己不同，那么很容易忽略或者中途走神。因此，在得出结论之前，必须听对方说完。人和人之间的交流需要经过倾听、分析和说话的过程，最好不要在倾听阶段就盲目判断。如果这个过程相互重叠，那么很有可能会出现障碍。领会和记录重要事项也是倾听的一部分。留意说话人的表情、语气和动作也很有必要。因为所有这些都会暴露说话人的意图。如果能够做到这几点，那么听懂别人说话也就不难了。

倾听不仅是学习问题，而且是态度问题。因此，日常生活中很有必要向孩子强调倾听态度的重要性，以及怎样才是正确的倾听态度。

说

在限定的时间内有条理地表达自己的想法，让别人容易听懂，这就是“说”的核心。在学校里经常利用班会或讨论等练习说话。话少的孩子面对众人说话的时候，会感到很害羞。大人们觉得，平时话多、开朗甚至有些冒失的孩子面对讨论应该没什么问题，然而事实并非如此。有条理地说出未做准备的话绝不是简单的事情，孩子一般都会感到紧张。

说话需要大量练习，实力才会增强。全家人围坐在桌子旁吃饭的时候，不要只顾埋头吃饭，可以引出丰富的话题来活跃气氛。确定一个主题，针对这个主题各抒己见，分别举出相关事例，这也是训练说话的好办法。

妈妈：尚贤啊！你们学校里被别人起外号的孩子多吧？

尚贤：对，的确很多。有的孩子因为胖被人叫做猪，有的被叫做狗熊。还有的在别人名字后面加上个“九”字，结果就成了“炳九”、“贤九”、“正九”，太好笑了。

妈妈：对于这种起外号的现象，尚贤怎么看呀？

尚贤：如果不是太伤自尊的话，好像挺好玩，也没什么吧。再说叫外号还会加深感情呢。

妈妈：原来是这样啊！

上面是妈妈和尚贤在家里的谈话，针对的是四年级第一学期的听说课主题“给朋友起外号好不好”。如果能像尚贤的父母这样自然而然地与孩子交流教科书里的主题，第二天孩子就会兴致勃勃，信心百倍地举手发言了。

读和写

我曾经和小学四年级学生永哲的父母有过交流。永哲的父母说自己的孩子，“好像挺聪明，不过奇怪的是，他讨厌看书”。只要坐在书桌前，不是打盹就是溜号。我教了永哲几天，才发现孩子的问题在于阅读。我告诉永哲的父母，孩子的阅读水平不行。不料，他父母作出了这样的回答：“我们孩子7岁就认识韩文了呀？”

永哲的确可以准确地读出韩文，然而他只是看着文字发出声音罢了，并不理解含义。只要换个谓语或助词，意思就很可能发生很大的变化，可是永哲几乎从来不读助词和谓语。这样一来，不但语文，连其他科目也得不到高分了。

从那以后，永哲每天都要做一件事，那就是准确地朗读，反复读5遍。这样坚持了一段时间，等到下次期末考试的时候，永哲和父母终于露出了灿烂的笑容。

在教育孩子的过程当中，我看到很多孩子因为阅读能力薄弱而失去了学习兴趣的例子。如果读过一遍不能马上理解内容，不明白什么意思，那么不管读什么书都会失去兴趣。读和写，与日记和读书习惯有着密切的联系。只要在这两个方面下足工夫，读写就不用担心（请参考“2．系好第一颗纽扣——抓住日记本”，“3．怎样培养爱读书的孩子”和“4．优等生的第一步从读书笔记开始”）。

语文最难取得好分数吗？

高考中最难提高分数的科目就是语文。数学和英语分数会在学习过程中不断提高，而想要提高语文成绩却绝非易事。正因为这样，很多面临高考的高三学生都对语文深感恐惧。小学生也不例外。要想真正掌握语文这门功课，离不开一定的语文知识。小学高年级学生或者中学生之所以感觉语文难学，正是因为他们不具备语文知识。语文学的是我们国家自己的语言，所以常常想得太容易，因而不去刻意学习语法、词汇，以及各种表现手法和文章类别，这样在解答题目的时候就会经常出错。下面是初中二年级语文考试的题目。

哈尼：老奶奶，我要一束哈尼花。

老奶奶：你说什么？什么花？

哈尼：哈尼花。不就是那种粉红色花瓣、白色花蕊的花吗？

老奶奶：那是木槿花，怎么是哈尼花呢？

哈尼：木槿花，这个名字太难了，昨天我给它改了名字，叫哈尼花。

问题1）：在上面的文章中，“哈尼”的语言特征是什么？

①自主性　②历史性　③创造性　④社会性　⑤法则性

问题2）：下面哪句话准确说明了老奶奶表现出不解的原因？

①因为哈尼花是很罕见的花

②因为花店里没有哈尼花

③因为哈尼花是老奶奶平时很喜欢的花

④因为很少有人到花店里买哈尼花

⑤因为这是哈尼随便取的花名

为了解答上面两个问题，我们首先需要学习语言的特征。第一个问题涉及了语言特征中的社会性。语言的社会性指的是语言不属于个人，而是社会成员之间的约定。哈尼无视语言的社会性，随心所欲地给花取名，结果导致老奶奶不理解哈尼花是什么。如果没有学过相关知识，孩子就会在第二个问题的②、④、⑤三个选项中犹豫不决。

一个孩子做错了这个题目，我问他的时候，他这样解释。从老奶奶的角度来看，可能是因为她的店里没有哈尼花，所以问“你说什么？”也可能因为很少有人到花店里买哈尼花，所以问“你说什么？”还有一个可能，那就是因为这是哈尼随便给花取的名字。我对孩子的回答提出异议：“照你这么说，也可能是因为哈尼花是很罕见的花，所以老奶奶才问‘你说什么？’不是吗？”我解释过语言的特征之后，让他重新看这个题目，孩子便笑着说：“哎呀，太简单了！”

有的孩子读了很多书，却没有这种语文知识，所以语文成绩不好，这样的孩子不在少数。要想在中学时代不受这种折磨，就应该从小学开始，扎扎实实地积累语文知识。

小学时代最常遇到的文章类型是说明文和议论文，除此之外就是诗歌和游记，以及童话等。如果学生正在学习有关说明文的知识，我就让孩子们研究说明文的定义、特征、结构以及方法。总结到A4纸上，然后插在文件夹里。

以后每次学习说明文的时候都拿出前面整理的文件来看，这样很容易就能理解文章内容，解题时也就会易如反掌。用这种方式分门别类地制作和应用各种文章的文件，这样语文成绩就不用担心了。

与伙伴合作的问答式语文学习

语文不同于其他功课，我不建议学生采用自学的方法，因为自学语文存在一些弊病。

要想顺利解答语文题目，首先需要理解文章。为此，就需要学生像前面说的那样，理解文章的种类和作者的写作意图。如果仅仅达到这个程度，还是很难取得好分数。理解文章的细致内容和隐含的深意，则需要自己对文章进行分段，掌握主题，同时还要考虑到主人公的想法和作者的思想、表现技巧等等。这些都需要通过一个人的力量来完成。经过这种训练的孩子，即使遇到教科书之外的文章也不会感到恐惧。然而问题在于，让孩子独立进行细致的比较分析是很困难的事情。如果因此而使用参考书自学，反而对孩子有害。因为参考书上为学生分好了段落，甚至连主题和其他细微内容都写得清清楚楚。这样一来，学生们就很容易对参考书产生依赖，从而丧失了思考的能力。

因此，在语文学习中，我提倡采取与伙伴合作进行问答的方式。这个伙伴最好是孩子的父母。

下面是四年级第二学期阅读书里出现的《天空与大地》的部分内容。父母拿着参考书，孩子读教科书，让孩子首先了解文章的体裁，然后逐段了解内容。

天空和大地

第一段　大地羡慕天空，对自己很不满意。

天空和大地。

大地很羡慕天空。“早晨太阳升起，白天飘着面团般的云朵（比喻），晚上升起月亮，还有宝石般的星星闪闪发光”（大地羡慕天空的原因），天空真是个美丽的地方，大地想。然而大地上“人们随便扔垃圾，到处是苍蝇和蚊子，下水道里臭气熏天”，大地对自己相当不满（“不满”的反义词为满意， 相当不满意思就是非常不满）。于是，为了表达心底的不满，大地通过地震摇摆自己的身体，通过火山爆发把火焰喷向天空。但是，这样的结果只是让自己疲惫不堪，毫无用处。

伙伴问答式语文学习示范

问题1： 第一段从哪里开始，到哪里结束?

问题2： 第一段的中心思想是什么?

问题3： “面团般的云朵”用了什么修辞方法?

问题4： 大地为什么羡慕天空?

问题5： 表现大地的部分是从哪儿到哪儿?

问题6： “不满”的反义词是什么?

问题7： “相当不满”是什么意思?

这里负责提问的伙伴并不需要掌握丰富的语文知识。说是提问，其实只是把参考书中的小字设计成问题，向对方提问罢了。如果孩子熟悉了这种方式的语文问答，就会逐渐培养起对文章的分析能力。不但可以提高语文成绩，而且对其他功课也很有帮助。

8 数学是一切学习的基础

数学为什么重要

父母对数学有着惊人的热情。从数学习题集到数学专门辅导班，甚至还有数学家教，在数学上投入巨大的精力和财力，这种情况比比皆是。为什么会这样呢？原因很简单。小学低年级阶段，父母还能通过参考书和参考答案辅导孩子。到了高年级，父母学过的知识就跟不上了，无法继续辅导孩子，所以父母必须予以重视。

除此之外，还有个理由让父母不得不关注孩子的数学学习。因为数学是一切学习的基础，对于学生和投入大量资金的父母来说，眼前的数学分数固然重要，但最重要的是在解答数学习题的过程中培养起来的逻辑思考能力。

学习图形可以培养空间感知力；计算图形周长和面积可以培养测量事物的能力；绞尽脑汁解答方程式的时候，可以培养寻找数量关系，然后通过列方程来解决实际问题的能力。到目前为止，我还没见过“只有数学课学得好”的学生。学好数学的孩子具备了学好其他功课的基础实力，所以数学成绩会对其他的科目产生很大的影响。

数学是链式学习

“老师！数学这么难，这么复杂，为什么非要学呢？”偶尔会有学生提出这样的疑问。“只要能在超市里算清价钱，不就足够了吗？我真恨那个创造了数学这一科目的人。”提出这些疑问的孩子，他们没有领会到隐藏在生活中的数学，而是在一无所知的状态下学习数学。

数学成绩可以在最短的时间内得到提高，但是不管怎样努力，都要面对需要继续攀登的高峰。如果明确了数的概念，就可以在短时间内达到目标，但需要的并不仅仅是理解和背诵，更多的是通过联系进行体会。如果对数的概念还不明确，那么就很难在短时间内提高数学成绩。

“千里之行，始于足下。”这句成语适用于所有科目的学习，然而对于数学这门功课，我想特别强调这句话。如果低年级阶段错过了打好数学基础的机会，到了高年级，父母就会心急如焚。送孩子到辅导班，或者请家庭教师，试图以这种方式提高孩子的数学成绩，但往往不能如愿以偿。数学是一门具有链式结构的学科，如果前面部分未能充分理解，则无法进入下一阶段。如果孩子对分数、小数、最小公倍数、最大公约数毫无概念，却让他们去做分数和小数的加减乘除法，结果会怎么样呢？不管孩子解答了多少习题，都很难期待有好的结果。如果出现应用题，那也只能放弃了。这样的孩子不但对数学失去了兴趣，甚至会对其他学科也失去信心。因此，学习数学就应该像垒砖，从小把基础打牢，循序渐进才行。

那么，数学的基础应该是什么呢？要想学好数学，首先需要清楚知道题目的要求，而且还要迅速而准确地计算出答案。

尽快接好断开的链子

在韩国教育部第七次修订的教材中，数学分为六个领域：数字和计算、图形、测量、概率和统计、文字和公式、规则和函数。其中数字和计算是基础，低年级学生的家长应该集中主要精力让孩子打好计算基础。如果没有基本的计算能力做基础，孩子到了高年级之后，只能把时间都耗在计算方面。至少在四年级之前，应该具备基本的四则运算能力。

不过，仅仅通过让孩子在纸上计算数字的方式培养孩子的运算能力，很可能会让孩子对数学失去兴趣，因此务必慎重。如果到了四年级，孩子的运算能力还不够，那就应该准确找出问题究竟出在哪个环节，然后有针对性地加以弥补，这样才会有效果。即使孩子运算能力稍显落后，也并不意味着从头到尾全都不行。四则运算当中可能某一项尤其薄弱，而且在某种算法中也会存在特别薄弱的环节。这时父母首先要做的就是寻找孩子最薄弱的环节。

五年级第一学期，真善的其他功课都在 95 分以上，只有数学是 60 分。我问原因，她说时间不够，会做的题也只能“蒙”出答案。仔细看过试卷的父母应该可以看出，真善的计算能力还有问题。长方体和正方体的概念、平面图形的周长和面积、公式、函数关系等问题，真善都答对了。然而与约分、通分、异分母的分数计算有关的题目却都答错了。她对约数和倍数中最大公约数和最小公倍数的概念没有充分理解，而且四则运算能力也还远远不够。

于是，真善的父母暂时停止数学进度，让她集中解答关于约数、倍数和分数的混合运算等题目，包括概念和应用。通过这种方式，真善明确了数的概念。从第二学期开始，就连分数、自然数和小数的乘除法也能轻而易举地解答出来了。

还有的孩子和真善的情况恰恰相反，他们在四则运算和分数运算方面没有问题，却常常在简单的题目上出错。原因是有时经常让学生在短时间内快速计算，甚至以秒为单位进行计算。于是，学生就把心思放在速度上，从而大大降低了计算的准确度。因此，最重要的不是计算时间，而是通过解答大量习题达到熟练的程度。

解答习题之前，首先理解概念和原理

对数学来说，概念和原理的理解至关重要。对于教科书中出现的实验活动以及参考书中的概念、原理的解释，不能只是一览而过，而是要在笔记本上整理解题过程，做到充分理解。举个例子，假设概念解释如下：

学习目标：了解圆周和圆周率，求解圆周

①圆周和圆周率

圆的外围的长度叫做圆周长。圆的周长和直径的长度成一定的比例，这个比例就叫做圆周率。

（圆周率）=（圆周）÷（直径）

→从数学角度计算得出的圆周率是3.14159……取四舍五入后的结果就是3.14。

②求解圆周

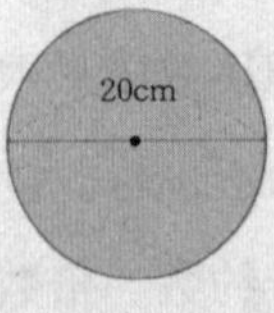

圆周是直径的3.14倍，因此

（圆周）=（直径）×（圆周率）

= 20 × 3.14

= 62.8（cm）

③圆面积的计算方法

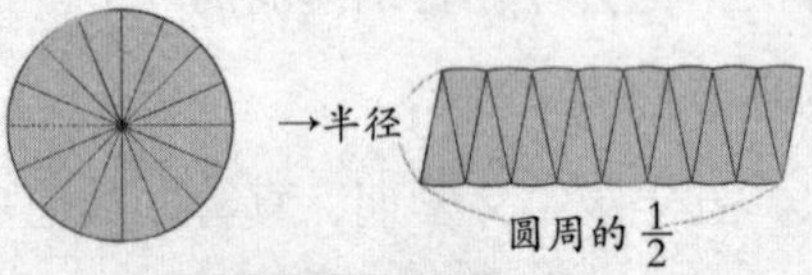

（圆的面积）=（圆周的$\frac{1}{2}$）×（半径）

=（直径）×（圆周率）× $\frac{1}{2}$ ×（半径）

=（半径）×2×（圆周率）× $\frac{1}{2}$ ×（半径）

=（半径）×（半径）×3.14

这里对求解圆面积的方法和原理做了说明。如果不理解原理，单纯背诵公式，以后在应用题中就会遇到麻烦。

看着前面的图，把家里用的茶壶盖子平放在纸上，画一个圆。用线量一

量壶盖的周长，再量一量圆的直径。这时就会发现，圆的周长要比直径的三倍略多。那么，即使不用背诵，也能切实理解为什么“圆周=直径 × 圆周率（3.14）”这个公式会成立了。求解圆面积的时候也是这样，把一张双面彩纸剪成图③的形状，实际操作，不但可以自然而然地记住公式，同时还能理解概念和原理。

2000 年，OECD 主办的“学业成绩国际比较研究”结果显示，韩国学生在数学简答题和选择题等部分的准确率要比叙述型题目更高。至于说明解答过程或对图表进行说明等项，因需要准确的数学用语，对于韩国学生来说很有难度。在叙述型题目中，不能准确判断题目所问的要点，这也是韩国学生的明显特征。

这说明韩国学生在理解题目和把题目公式化的能力比较薄弱。不管问题难易度如何，只要是叙述型题目，很多学生根本不去努力理解题目，直接就放弃了。在不理解数学原理的状态下，学生片面地侧重于简答题，最后导致了这样的结果。但是，复杂的现代社会给我们留下了很多复杂的课题，仅仅通过计算还无法解决。很多题目都提出比我们学过的数学原理更加复杂的假设和条件，要求学生自己寻找解答问题的钥匙。复杂的计算可以通过电脑进行，因此重要的不是计算。我们应该尽快摆脱“数学就是通过数字进行的游戏”的偏见。

通过解答多种题型提高能力

数学这门学科的目的是培养用思考力解答综合问题的能力，要想让孩子学好数学，就要让孩子多多思考。为了达到这个目的，让孩子解答各种不同类型的题目也很重要。孩子们积累了丰富的经验，遇到新题型的时候，才会自己寻找解决问题的方法。如果孩子们还没有打好数学基础，就需要通过数学教科书和练习册尽快夯实基础。如果基础已经打得差不多了，那就应该通过解答不同题型，积累丰富的解答问题的经验。不过，在解答习题的时候需要注意以下几个事项：

选择适合自己水平的习题集

如果给刚刚理解概念的孩子选择一本加深难度的习题集，让孩子去解答，恐怕刚做几道题，孩子就厌倦了。如果通过教科书中的实验活动理解了基本原理，就应该选择那些考核孩子是否准确理解概念的问题，这样孩子才会有兴趣。也就是说，我们应该把重心放在“是否理解数学原理”方面，而不是“能不能解答问题”上。

接下来就是通过大量习题做应用练习。现在市面上有很多习题集，不要从一开始就选择难度高的习题，而是应该从相当于基础课程的习题集开始，逐渐深入，有条不紊地解答问题。这样的话，自学才不会感觉到困难。

经过这样循序渐进的过程之后，可以选择从基础到深化全部包括的习题集。如果还有时间的话，最后可以尝试竞赛题。可以参考附在后面的答案和说明，把答错的题整理在错误笔记上，记清楚为什么会错，以后还要检查哪方面出现的错误最多。

应用题要断开阅读，准确理解内容

应用题之所以困难，是因为没能正确理解题意。我们应该首先培养孩子解读问题的能力。一句话一句话断开来读，准确理解题目究竟想问什么。在问题的核心词语下面画线，以及分段练习都要反复进行。

民洙的计算题做得很好，可是一遇到应用题，就先画上☆，表示自己不懂。只要句子超过两行，他就压根不读题了。于是，我让他像下面那样把句子断开来读。

问题）：锡俊每个月的零花钱是12000韩元，其中1/6用来储蓄，剩余金额的3/5用来购买学习用品。锡俊用于购买学习用品的钱是多少？

民洙：妈妈，这道我做不出来。

妈妈：哪儿不明白？

民洙：都不明白。

妈妈：是吗？连锡俊每个月有12000韩元零花钱也不知道吗？

民洙：不，这个我知道。

妈妈：你看，要把句子断开来，弄清楚自己明白什么，不明白什么，才能解答问题。

民洙：啊，有两个词不理解：上面画线的“其中”和“剩余金额”。

妈妈：那么，“其中”指的是什么？

民洙：是不是民洙用来储蓄的零花钱“在12000韩元中间”？

妈妈：对。那么“剩余金额”的意思，你也明白吗？

民洙：是的。这回让我自己试试。

如果已经准确理解了问题，就不要急于通过公式作答，而是在画图过程中联想到公式，这样就可以从整体上把握题目的内容，从而减少失误。为了培养解决问题的能力，平时就应该经常练习用语言准确表达公式。这并不是说从开始就背诵公式，而是要准确理解公式的含义，用自己的话说出来。经过这种训练，才能具备把文字公式化的能力。这样一来，自然而然就能理解问题问的是什么，需要运用什么公式了。

结合多本习题集，制作属于自己的习题集

对于经常出错的孩子，最好让他们从多本习题集中选择自己薄弱环节的习题，收集起来，制作出为自己量身定做的习题集。单独剪辑出平时在数学学习中经常出错或感觉有难度的部分，收集在一起，备考期间集中解答这些问题，效果会很显著。

提前学习，应该怎样进行?

有些孩子确实很喜欢数学。这些孩子具有出色的运算能力，可以通过心算得出答案。有趣的是，喜欢数学的孩子们并不喜欢运算本身，只是因为喜欢数学而经常做数学习题，自然而然加快了计算的速度。他们对那些不需要过多思考，马上就能得到答案的问题没有兴趣，而认为那些需要冥思苦想10分钟以上，甚至需要几个小时或几天时间的问题更具有挑战性。解答出这样的问题之后，他们会异常喜悦。

对这些孩子，我们应该为他们提供强化思考力的习题集，或者书店有售的故事性数学书籍，让他们有机会进行更深入的思考。提前学习，对这样的孩子很有意义。因为他们有着强烈的求知欲，当这种欲望得到满足的时候，他们会产生新的欲求。面对这种情况，一定要让孩子自发学习，而不能强迫。如果孩子读四年级，却在学习五年级的数学内容，那么应该先让孩子读一读概念说明，整理数学用语，自己理解概念。数学是一种链式学习，遇到不懂的内容，只要再看看前面部分就懂了。为了加深理解，也可以使用对原理作出详细解释的参考书。做过题后，给自己打分，查看标准答案来分析出错的原因。只有具备这种程度的理解能力和毅力，提前学习才有意义。

比如像很多天才音乐家，他们也很努力，然而大多是从小开发出了与生俱来的音乐才华。莫扎特父亲全面深入的教育早已众所周知了。但是，天分是无法培养的。再优秀的老师也只能教孩子理论和技术，激发孩子的动力，让他们在今后充分发挥自己的天分和才华。如果孩子根本没有音乐天分，只是为满足父母的期待而昼夜不停地练习，结果很明显是竹篮打水。并不是所有的人都是音乐神童。同样的道理，也不是所有的人都是数学神童。如果自己的孩子并不具有数学天分，父母却盲目地让他进行提前学习，只会适得其反。

高年级数学基础仍不牢固该怎么办？

如果孩子到了高年级，仍然没有什么基础，就会出现和前面提到的提前学习截然不同的问题。这种时候，应该先让孩子准确理解概念和原理，同时培养孩子的计算能力。孩子打基础的过程中，总是要不可避免地落后于学校的课堂进度。这是问题的关键。另外，当自己回头重新学习的时候，别的同学已经远远跑在前面，这也让孩子们痛苦不已。

振锡是家里的老幺，从小受到父母和姐姐们的宠爱，对学习不是特别用心。到了四年级，他不但没有熟练掌握乘除法，连乘法口诀都背不熟练，这种情况就很严重了。我和振锡谈了很久，以激发他的学习兴趣和学习动力。最后，振锡下定决心要努力学习。从那之后，他每天坚持用两个小时时间学习数学，弥补了先前的不足。

培养计算能力基础的阶段

首先，通过做题加强计算能力。我们没有按照教材顺序，而是选择振锡薄弱的环节集中练习，很快就打好了基础。

为了赶上四年级的进度，我们从相当于基础课程的习题集开始到深化阶段的习题集，循序渐进地练习。到了最后的检验阶段，我们选择了难易程度不等的习题集，即使遇到难题，我也不帮他，也不提示，只是让他重新翻看以前做过的不同水准的习题集，自己想办法解决。当然，肯定不会漏掉检查错误答案和记录错误笔记。

解决应用题的阶段

6个月之后，振锡的数学实力得到了明显的提高，计算速度加快了，也能轻松跟上教学进度了。但是，每当遇到应用题的时候，他还是很吃力。对于数学这门功课，振锡的最后一个弱项就是阅读理解能力不够。很多孩子都不会解答应用题，振锡也不例外。因为词汇量和理解能力不够，看到同样的问题用文字表达出来，就不知所云了。为了克服这个问题，我让他每周读一本关于数学的书，从中整理出相关术语。

最开始学解应用题的时候，我们的方式是先解释题意，然后一起解答。到了五年级，我们渐渐摆脱了这种方式。看到应用题，我先要求他逐一解释题意，然后让他复述一遍。说过之后，再叫他在笔记本上整理自己的说明。用这种方式学习了一年，现在遇到大多数问题，振锡都能轻松解决了。

到了六年级，振锡已经养成了自学的习惯，而且也有了信心，甚至还能帮助同学们解答难题。

要想学好数学，并不一定需要花高价聘请家庭教师。只要父母用心，从市面上选几本习题集，就能让孩子学好数学了。

9 背起行囊，学习社会

社会[1]是螺旋式学习

数学是链式结构的学科，学习时漏掉任何一环都不能继续深入下去。相比之下，社会课则是从“我”开始，逐渐把认知范围扩展到全世界的螺旋式学习。数学必须从基础开始，而社会课则不同，不管从哪个单元开始，都可以毫无障碍地学习。

如下图所示，如果数学课上没有听懂加减法的概念，就无法理解乘除法。如果不懂乘除法，也就无法学习倍数和约数。其中哪个链条断了，都不能继续进行。社会课不同于数学，即使漏掉某个过程，对于学习后面的内容也没有影响。不管从哪里开始，都能轻而易举地联系起前后内容。

社会为什么得不到高分？

小学一二年级，社会课没有单独分离出来，而是包含于“智慧的生活”。这时候，社会没有什么难度。从四年级出现比例尺和等高线开始，社会才成为令人头疼的学科。要想学好社会课，就需要看各种形态的地图、年表、

①社会这一科目相当于我国小学的地理、政治。——译注

图表，然而阅读能力不够的孩子对阅读图表和地图也很反感。这一阶段的教科书图少字多，还夹杂着大量地名和各地特产种类、文化遗产的特征、民主政治和法律等陌生术语，早就把孩子们搞得晕头转向了。

如果父母不了解这些情况，认为孩子别的功课成绩都很好，唯独社会课得不到高分，肯定是因为不用功，甚至还会责怪孩子："社会只要背诵就行，为什么不努力去背？"只要背诵就行了？这话没错。国家的自然环境特征、祖先们的衣食住行、物品消费地和生产地、各个城市的人口分布……如果把课本中出现的这些内容全部背下来，至少社会课分数不会低于平均分。但是，如此繁杂的内容是不可能全部记住的，即使记住了，过些时间也会逐渐淡忘。哪怕是记忆力过人，全部牢记在心，也只是记住这些知识罢了，却绝对不会喜欢上这门学科。

数学学习和社会学习的差异

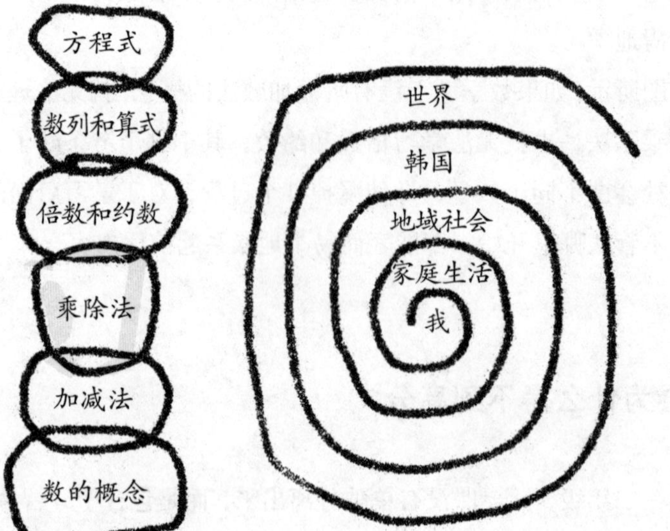

数学是一门链式结构的学科，而社会则是螺旋结构的学科。

通过亲身体验学习社会

俗话说“百闻不如一见”，社会课也是如此。亲身体验是最好的捷径。社会课不能凭借想象去学习。数学只要学会概念和原理，多多思考，进行逻辑推理，就能解答繁杂的问题。而社会课则不行。即使你坐在书桌前面思考很久，也不一定能理解。如果你想了解我们国家的地形地貌，那就要亲自去山区、平原、岛屿走走看看。到过山区的孩子不但了解当地的地形特征，还能知道有什么山地特产。通过亲眼观察，孩子了解到地下资源主要来自哪些地方，沿着山路形成的梯田是什么样子。这样学到的知识和通过教科书、参考书学到的知识截然不同。

炎热的夏天，成民坐在书桌前，学习江河和平原的知识。上次期末考试，他的分数不尽如人意，为了弥补不足，这个假期他要加倍努力。

妈妈：说说刚才学过的韩国四条大河的名称。

成民：汉江、锦江、洛东江、荣山江。

妈妈：说出各自对应的平原的名称。

成民：汉江是金浦平原，洛东江是金海平原，荣山江是，荣山江是……

妈妈：背过三遍了，怎么还不会?

成民：哎呀，我不管了，妈妈！刚才我背过了国立公园，接下来又背了各个岛屿的特产。我不要再背了，头都要爆炸了。

妈妈：就因为这样，你的社会成绩才不好。成民，不要这样，再背一遍。

成民：讨厌，以后我再也不和妈妈一起学习了。

妈妈：看来这样真的不行，成民，我们明天就出发！

成民：去哪儿?

妈妈：还能去哪儿，当然是去你总也记不住的荣山江了。

妈妈因为成民的社会成绩不好而批评了他。但是，陪着孩子学社会课的时候，妈妈也发现要背的东西实在太多了。她意识到，只要带着孩子实地看看，很容易就能学会那些内容。于是，妈妈带着老大成民和老二成俊去了荣山江，开始了他们的背包旅行。

旅行的日程是两天一夜。到了木浦，他们却不知道先看什么好。成民的妈妈想起了市政府的文化观光课，于是听从市政府职员的建议，他们先去了荣山江的河口堰和大海的边界线，然后看了江边的辽阔平原，还得到了很多关于荣山江的资料。

第二天，他们去了荣山江中游地区。果然像课本里面说的那样，这里要比下游窄得多。孩子们感到很新奇。在附近居住多年的老爷爷还给他们讲了很多关于这条江的传说。妈妈和两个孩子都忘记了疲劳，看过罗州平原之后，又去了罗州市政府，还拿到了关于荣山江中游的小册子。

时间短暂，只有两天一夜，成民的收获并不像预想中那么多。但是从此以后，成民喜欢上了社会这门功课。原来性格腼腆，课堂上都不敢发言的他发生了天翻地覆的变化，变成了积极活泼的孩子，甚至还把旅行期间拍摄的照片给同学们看，积极向大家讲解。后来每到假期，成民一家就选定一个下学期社会教科书中出现的地方，进行主题学术旅行。山区、平原、岛屿，所有代表韩国地形特征的地方都去过了。小学一年级的成俊对地理也产生了浓厚的兴趣，甚至梦想要成为一名地理学家。以后每当孩子不想学习的时候，妈妈就会说："你们这个样子，下次不去旅行了。"这一招很能调动孩子们的学习热情。

主题学术旅行应该这样

前不久，我见过一位对主题学术旅行很感兴趣的家长。她说自己经常带孩子去旅行，但是孩子仍然学不好社会课。我问她旅行的时候主要做什么。她回答说，主要是大人和大人交谈，享受休闲时光，让孩子自由自在地玩耍。这样旅行回来之后，孩子的确可以拓宽视野，获得更多的体验，但是对社会学习不会产生直接的影响。

主题学术旅行之前，首先要了解相关知识，做好准备工作。举个例子，如果想考察韩国的江河和平原地带，就应该事先了解江河源自哪里，上游的堤坝和水力发电有什么关系，中游有什么水上交通，下游怎样和大海相接等等。如果利用假期进行主题学术旅行，那就应该选择下学期教科书中出现的地方，并以相关单元为主题，进行预习性质的主题学术旅行。这样才能有立竿见影的效果。回来后收集资料，进行整理，还可以写成游记。

下面是四年级的成民在考察过荣山江之后写的游记，以及一年级的成俊画的图画日记。

(1)

《游记》

荣山江游记

华正小学四年九班

第二学期的社会课本里出现了很多江河的名字。妈妈说，只有去看了才能了解，所以放假时要带我们去看荣山江和洛东江，没想到真的去了。爸爸太忙，没能和我们一起去，只有妈妈、弟弟和我去了。日程安排是两天一夜，我有点儿害怕，不过我还是觉得这会是一次愉快的旅行。坐了很长时间火车，终于到了木浦站。一下车，我们先吃了午饭，然后去了位于木浦的儒达山。这里有忠武公李舜臣的铜像，旁边是漏积峰。这里只有休息的人们。然后我们去了雕塑公园，公园里有很多有趣的作品。

(2)

雕塑作品应有尽有。看了一会儿雕刻，妈妈说我们要去拿有关荣山江的资料，于是去了市政府。在那里休息了一会儿，拿到了资料。市政府的职员非常亲切。我们乘公共汽车到达荣山江附近。这里距荣山江河口堰还有一段距离，也没有去那里的公交车，于是我们就拦了辆过路的汽车，去了河口堰。河口堰有水门，真的好大。我很想看看水门敞开的情景，然而水门始终紧紧地关闭着。我们站在大桥上张望，这座桥也起到了大海和荣山江之间的分界线的作用。这座桥太大了，甚至分不清哪里是海，哪里是江。时间过得好快，我们要找宾馆了。由于没有找到合适的地方，于是便去了罗州。呵呵，因为我们安排的时间只有两天一夜，所以走得很匆忙。到了罗州，我们乘公交车来到了位于荣山江中游的荣山浦。

(3)

中游的水流比下游快，江面也比下游窄了很多。听说以前有从木浦通往荣山江的水路。几年前这里雨水多的时候，经常会发生洪水，很多人受灾。现在，上游修建了堤坝，就可以免受洪水的危害了。听妈妈讲着这些故事，我们去了光州，顺路去了市政府。我很想在光州转一转，可是我们还要去上游考察，拿到资料之后就赶往目的地。走进长城郡，到处都挂着"洪吉童的故乡——长城"的招牌，让我吃惊不已。我和弟弟一边争论，一边吃力地爬上了长城大坝。虽然没有想象中那么漂亮，没什么值得看的，但是毕竟来到了上游，这已经让我心满意足了。如果水门打开就好了……这次旅行任务完成了，我们来到火车站，时间还有剩余。

(4)

闲着没事，我们在附近转了转，找到了长城郡政府。为了得到资料，我们又走了进去。我们向那里工作的叔叔说明来意，叔叔听说我们来考察荣山江，就告诉我们说，虽然整体叫荣山江，但从上游开始都是山谷里流淌下来的河水，所以每段都有各自不同的名字。从长城郡政府出来后，我们便坐上飞驰的火车回家了。这真是一次有意义的旅行。

7月24日 （天气：晴朗）　题目：拥挤的木浦

		昨	天	我	和	妈	妈	，	还	有	哥	哥	去
了	木	浦	。	因	为	我	们	要	研	究	荣	山	江
。	全	罗	南	道	经	济	很	发	达	，	我	们	去
了	儒	达	山	，	那	里	很	拥	挤	。	我	们	向
路	人	打	听	荣	山	江	在	哪	里	，	他	们	很
亲	切	地	回	答	了	我	们	。					

我很推崇这种方法，像成民一家这样，同时进行主题学术旅行和课本学习。通过这种方式学习，不但有趣，还会给全家人留下终生难忘的回忆，这也是一笔宝贵的财富。孩子上了中学以后，即使想带孩子出去，孩子也没时间了。而且孩子那时更喜欢和朋友们一起旅行，即便有时间，也不愿意和妈妈一起去了。因此，小学时代是主题学术旅行的最佳时机。

小学阶段，父母为孩子提供更多实践学习机会的同时，还应该让孩子阅读相关资料，拓展孩子的眼界。进入高年级，有些孩子的社会课得不到高分，原因就是不知道该从哪里着手。社会课的范围非常广泛，如果平时不注意使用相关教材积累背景知识，是不可能学好这门课的。

这样学习社会更容易、更有趣

如果孩子通过主题学术旅行积累了丰富的实践学习经验，那么教科书上的知识对孩子来说就不会太难了。我们分阶段来看一下。

1. 主题学术旅行和阅读相关课外书

2. 以教科书为核心

任何学习资料的主体都是教科书。以教科书为中心阅读辅助资料，进行主题学术旅行，才能对学习有所帮助。如果你有过实践学习的经验，就会发现教科书里出现的是最核心的内容。所以要想学好社会课，必须多读教科书，充分理解教科书的内容。

遇到不懂的术语，可以单独做笔记，或者用荧光笔在教科书上作出标记，在便条或小纸条上写下说明文字，贴在旁边。这样在看教科书的时候，随时都可以翻看以前学过的内容。不要单纯记下词典上的解释，而是要写下自己的理解，这样才能加深印象。

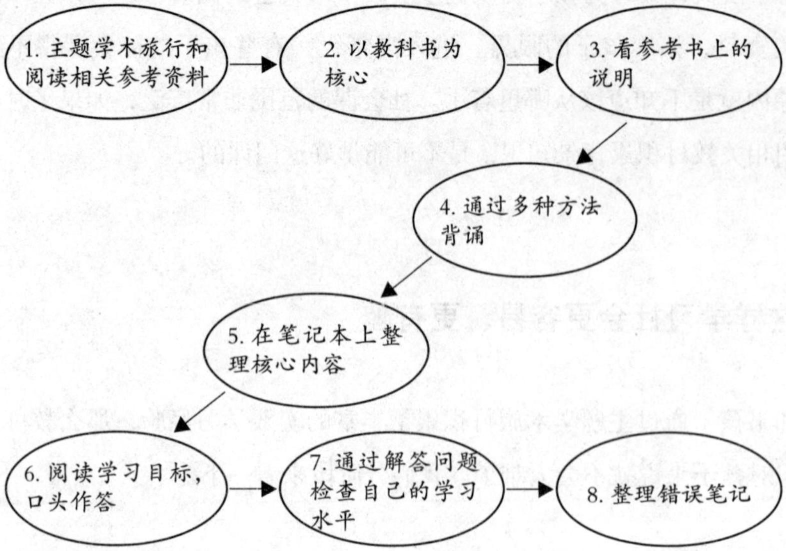

3. 看参考书上的说明

参考书的作用相当于老师，上面有很多有助于理解教科书的补充说明和资料，可以当做是老师在旁边为自己做解释。选择的参考书最好包含趣味常识和丰富说明，或者有很多可以用做资料的图画和照片。

4. 通过多种方法背诵

孩子们之所以讨厌社会课，一个重要原因就是需要记忆的东西太多了。但是，如果让孩子以有趣的方法背诵的话，说不定孩子会央求家长每天都学习社会课呢。根据记忆内容的不同，记忆方法也不同，不过孩子们最喜欢的还是“通过唱歌来背诵”。

通过唱歌来背诵

背诵各地特产——结合《眼睛在哪里，眼睛在这里》的旋律：

韩纸在哪里，韩纸在槐山

麻布在哪里，麻布在韩山
竹制品在哪里，竹制品在潭阳
茶叶在哪里，茶叶在宝城

看地图——结合《萤火虫》的旋律：

不管你怎样固执，北都在上面
没有标记方位的时候，上面就是北
不要走，因为越窄越陡
为了我，再看一次地图
原野是绿色，江河湖海是蓝色
色彩越浓山越高
色彩越浓水越深

背诵韩国文化遗产——结合《钟声》的旋律：

钟声隐隐传来，圣德大王神钟是韩国最大的钟
让我们记住新罗时代的文化遗产：瞻星台、石冰库、圣德大王神钟
让我们记住高丽时代的文化遗产：金属活字、海印寺大藏经
让我们记住朝鲜时代的文化遗产：自击漏、神机箭、仰釜日晷
这是我们宝贵的文化遗产

韩纸的制造过程——结合《野玫瑰》的旋律：

一个孩子看到了韩纸的制造过程
剥去构树皮，放在石灰水里煮
漂洗多次，放入黄蜀葵，捞出纸浆
贴在板上晾干

通过猜谜来背诵

如果以猜谜的方式背诵，最好有年龄相仿的四五个孩子。四五个孩子选定某个范围，每人出 10 个问题，前面的人出过的问题，后面还可以再次出

现。这样反复进行，很自然地就能记住要背诵的内容。

出错的人要受到惩罚，惩罚最好也选择对学习有用的方式，比如以搞笑的形式或者模仿老奶奶的声音读出新罗文化遗产名称，孩子们在开怀大笑的同时就能轻轻松松地记住正确的答案，很长时间都不会忘记。

通过在地图上找地名来背诵

孩子们一起打开地图，寻找地名。用这种方式记住地名，对孩子们来说也是很有趣的方式。出题的人说出特产名称，其他孩子在地图上找出与特产相对应的地名。猜错的人要受到惩罚，唱特产儿歌。换不同的方式背诵，孩子们就会逐渐喜欢上社会这门功课。

5. 在笔记本上整理核心内容

请参考“6.整理笔记等于积攒宝物”。

6. 阅读学习目标，口头作答

刚开始学习的时候，应该了解学习目标。但是，大多数孩子都是先从内容入手。我们应该先让孩子们读一遍学习目标，然后再自己说出学习内容，使他们知道自己是否在按照目标进行学习，哪里存在不足。这样再次检验学习目标，可以帮助孩子明确应该学习的内容是什么。

阅读学习目标，口头作答的例子

学习目标：调查博物馆的种类和主要工作，并进行说明。

孩子的说明：首先，博物馆的意义在于收集和保存祖先留下的各种文物遗产。通过博物馆，我们可以了解祖先们的生活状态和文化水平。博物馆分为两类，即综合博物馆和专门博物馆。综合博物馆展示了各个领域丰富多样的展品。国立中央博物馆、国立民俗博物馆就属于综合博物馆。专门博物馆是收集和展示特定领域展品的地方。可以根据自己想要了解的主题，进行深入调查。农业博物馆、泡菜博物馆、铁路博物馆等都是专门博物馆。

7. 通过解答问题检查自己的学习水平

8. 整理错误笔记

经过上面所有的过程之后，再解答问题就易如反掌了。最后一个步骤，还应该把做错的答案整理出来，制作错误笔记。通过这种方式学习社会课，不但容易，而且还会增加兴趣。

10 科学，为思考插上翅膀

科学[①]是不同领域的深化学习

数学是链式学习，社会是螺旋式学习，而科学则是按照不同领域进行的深化学习。从小学三年级到高中一年级，所有的科学课程都相互关联。随着学年的增长，各领域的学习都将进入深化阶段。如果某个领域的学习达到了特定的深度，以后再学这个领域的时候就会轻松许多。

为了学习生物部分，小学三年级就要观察植物的茎，调查各种各样的叶子和果蝇的生长过程。要想使这个过程变得轻松，那么一年级和二年级阶段就要在自然课程中观察花田，到山野间玩耍，了解我们的身体结构和夏季的动植物，以及各种动植物的变化。

小学一年级和二年级涉及的科学内容都很简单而且有趣，教科书里有很多随处可见的动植物照片，看起来并不需要特意抽出时间学习。教科书里出现的问题也大都是“在花田里能看到什么？”“草地里和地上生活着什么？”“天上飞的动物都有哪些？”等等，诸如此类，都是可以轻松作答的问题。

正因为这样，大部分家长都觉得到高年级再正式开始学习科学就行了。

①科学这一科目相当于我国小学的自然。——译注

但是，我们不妨想一想，教科书为什么要提到我们出门就能见到的东西？这是为了让孩子们今后学习生物这个庞大领域的时候能更轻松。所以，学习时间比较充裕的小学一二年级才是学习科学的最佳时机。

多看多体会是学习科学的捷径

科学是与我们的生活关系最为密切的学科。科学课开始于“为什么？”的问题。比如“天空为什么是蓝色？树叶为什么是绿色？为什么会下雪？”这些问题接连不断地出现，让人们了解大自然的规律。这就是科学。“为什么？”这个问题不会无缘无故地产生，只有在多看多体会的情况下才能问出来。爱迪生看过母鸡孵蛋之后，曾经抱着鸡蛋坐了一整天。孩子就是这样，看过某种现象，就会产生好奇心。因此，要想学好科学，必须让孩子多看，多体会。

除此之外，还应该让孩子通过大量阅读积累科学知识。比如地球引力导致苹果落地，地球公转导致四季变换。多读关于能量、物质、生命、天体等各个科学领域的书籍，积累广泛的知识，这是学习科学必不可少的步骤。

闵圣和志玄是同一所小学的学生。两个人学习经历相似，对学习的热情也差不多。但是进入中学之后，他们的科学成绩却出现了很大的差异。闵圣从小学一年级就脚踏实地地学习课本上的内容，但是不知道为什么，科学成绩却始终赶不上志玄。

让我们回头看看闵圣和志玄在小学一年级的情况。他们站在同一起跑线上，谁都没有特别学过科学，他们的父母在科学方面也没有什么高深的造诣。闵圣对预习和复习都做得很彻底。和其他功课一样，学习自然的时候，他也和妈妈一起背诵教科书上的内容。

妈妈：水里生活着什么动物？

闵圣：蝌蚪、泥鳅、鲫鱼、川蜷螺……

妈妈：生活在水里的植物是什么？

闵圣：银芽柳、紫萍、香蒲……

妈妈：闵圣今天学得真不错。既然都知道了，下面我们就来做几道题吧。

闵圣：妈妈，我都复习过了，所以做题也很容易，我得了100分。

相比之下，志玄的父母仔细看过自然教科书之后，感觉虽然图画很简单，但是需要学习的东西很多。于是他们和志玄一起阅读关于生物的书籍，对动植物的特征进行简单的总结。志玄还是一年级的学生，写字不太熟练，父母就让他在读书之后，只写一行字，作为对特征的总结。然后他们来到湖边，寻找在书上看到的植物和昆虫。周末去动物园，拍摄动物照片，剪贴在笔记本上。

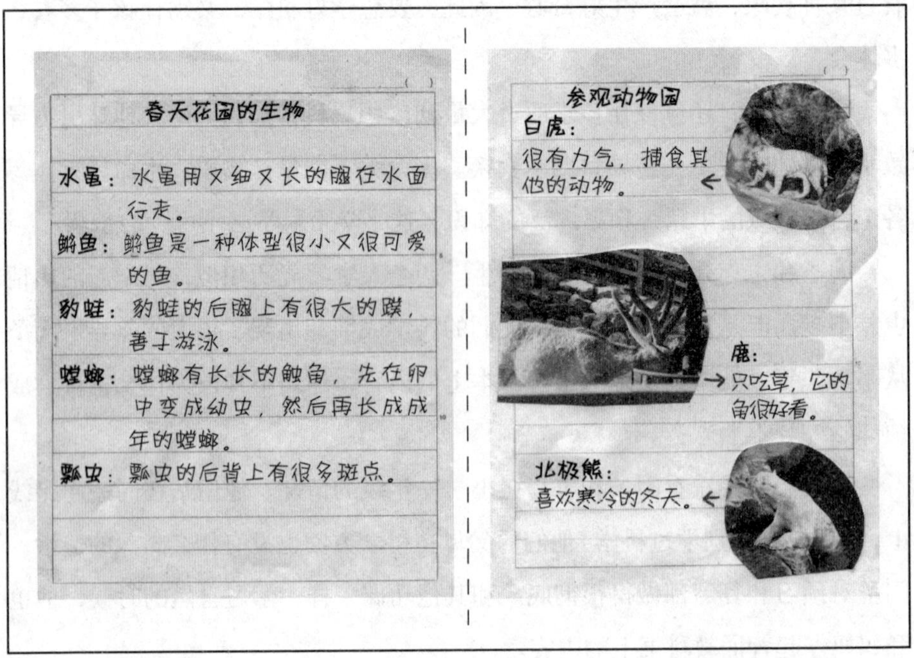

学习植物种子的时候，他们亲手采集向日葵、大波斯菊和紫茉莉等植物

的种子，晒干以后，用胶水粘在笔记本上。圣女果很容易种植，他们就在小花盆里种了圣女果，让志玄观察从发芽到结出果实的过程。有时，他们一起阅读有关动物冬眠的书籍，作为对学校课程的补充。

有一天，志玄在书上看到青蛙冬眠时一圈一圈地旋转，用土埋住自己，感到很新奇。几天后，他偶尔在户外看到青蛙冬眠时的样子，真的和书上说的一样。志玄高兴得手舞足蹈，抑制不住内心的激动之情。

志玄的父母意识到科学是不同领域的深化学习，于是买来从一年级到六年级的全部教科书，事先阅读明年要学的课本，然后让志玄在实践中体验。能量、物质、地球等小学阶段的主要领域，也都以这种方式学习。

这样一来，志玄就跟仅仅学习教科书和习题集的闵圣拉开了明显的距离，这也是理所当然的事情。低年级的时候，闵圣和志玄在学校考试中都能得 100 分。进入小学高年级或初中就知道了，他们的 100 分并不是相同水准的 100 分。像志玄这样学习的孩子，他们喜欢的是学习本身。而像闵圣这样脚踏实地学习的孩子，虽然通过努力获得了好的成绩，却会随着内容的加深而逐渐失去兴趣。

也许有人会说，这是因为志玄的妈妈是很有教育心得的“超级妈妈”，而且拥有比别人更丰富的科学知识。事实并不是这样，其实每个妈妈都可以像志玄妈妈那样。只要关心孩子、爱护孩子，每个父母都完全可以做到。也许有的父母还是没有信心，那么我就在这里介绍几种简单的指导方法。

小学一二年级，要像志玄的父母那样多让孩子阅读有关自然的书籍，进行简单的总结。凡是看得见的东西，都要尽可能给孩子看，哪怕只是个蚂蚁卵，也不要错过。经常让孩子看小学一到六年级教科书上出现的图画。没有必要事先详细了解六年的课程，但要知道都有什么内容。如果看到报纸和杂志上出现了相关的图画或者照片，尽可能收集起来，并且把收集的资料夹在课本相关的单元。这些事不要由父母全权代替，每当孩子自己找到一份资料的时候，就奖励他一个贴纸，你会收到意想不到的效果。

科学实验工具

小学阶段的科学课上经常做实验，这就需要事先做好准备。如果没有带来准备好的实验物品，孩子就无法融入课堂。

基圣家大清早就乱了套，因为他今天起床晚了。

基圣：妈妈！糟了，已经八点了。

妈妈：是吗？怎么办呢，把麦片泡在牛奶里，赶快吃完上学去吧。

基圣：现在的问题不是吃饭。今天科学课上要带实验工具。如果不带，就要罚扫卫生间，而且还要挨批。

妈妈：带什么工具？

基圣：长棍子。

妈妈：长棍子？带这个干什么？

基圣：不知道，反正老师让带长棍子。

妈妈：知道了。妈妈会给你准备实验工具，你快吃饭吧。

基圣：啊，对了！妈妈，还有水彩、画纸和蜡笔也要带上。（这时候，妈妈已经有些不耐烦了。说过无数次了，让他事先准备好要带的东西，可是为什么每天都要到早晨才手忙脚乱呢……）

妈妈：昨天我问你需不需要准备什么的时候，你说没有，怎么到今天早晨才说？

基圣：妈妈，现在不是讨论这个问题的时候，来不及了，等我回来再说吧。

妈妈很生气，还是强忍愤怒，给孩子准备了实验工具。临时找不到长棍子，她就从夏天用过的捕捉昆虫用的小网上拆下了棍子。

但是，科学课上要用的长棍子是直的，而捕虫网的棍子不仅太长，而且不够扁平，根本派不上用场。结果那天的科学课上，基圣忙于削棍子，没有学到水平测量，整整一堂课都泡汤了。

如果能够简单预习下一节课要学习的内容，那就不可能带去错误的实验工具了。妈妈在准备孩子实验器材的时候，也应该多花些心思。不过，最好的办法还是让孩子自己养成积极做准备的习惯。

分阶段征服科学

如果孩子读过多种课外辅导书，又有丰富的体验，想要征服教科书并不困难。让我们看看分阶段征服科学的方法吧。

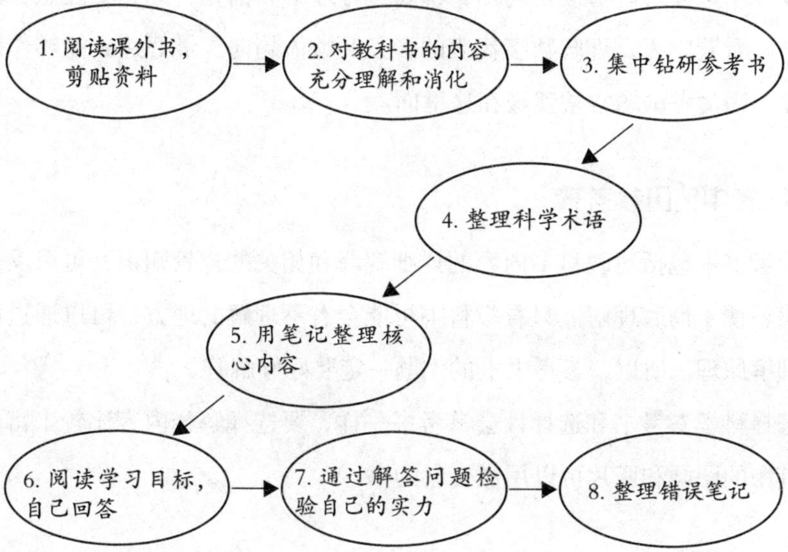

1. 阅读课外书，剪贴资料

很多孩子都很努力地背诵教科书上的内容，然而科学需要的是思考。科学课就是带着“为什么”这个疑问不断发现真理的过程，如果从开始就盲目背诵，只会感觉越来越难，越来越乱。科学书上有很多坐标、图形、表格和曲线等，如果不能充分理解，只会让孩子讨厌科学。

要想学好科学，仅靠教科书远远不够，还要多读课外书，充分掌握背景知识。新学期开始之前，首先浏览一下教科书中的插图及文字内容，然后配合学校进度阅读相关的课外书。举个例子，三年级第一学期要学习磁石的知识，如果事先读几本有关磁石的课外书，肯定会大有帮助。

接下来就是收集和剪贴资料了。平时在报纸和科学杂志上搜集关于科学的资料，剪贴下来，等学到相关单元的时候，肯定会派上大用场。

2. 对教科书的内容充分理解和消化

通过课外书积累了一定的背景知识以后，再去看教科书，就不会感到困难了。这时候不要盲目背诵教科书的内容，而是一边思考“为什么会发生这种现象”一边读书。每读一句话，都要充分理解和消化，尤其要注意看图画和表格。看着图表，理解数字代表的含义及整体趋向，最好达到能够作说明的程度。因为考试题常常就藏在这里面。

3. 集中钻研参考书

参考书中包括对教科书内容的详细解释和相关的背景知识，可以反复阅读几遍，便于彻底理解。只看教科书可能会有不理解的地方，可以通过解答例题理解原理。所以，参考书上的例题一定要好好解答。

选择科学参考书和选择社会参考书一样，要选择解释内容比较丰富，最好是其中的图画和照片可以用做资料的书。

4. 整理科学术语

孩子不喜欢科学的主要原因就是不熟悉科学术语。小学五年级的科学教科书中出现了光的直射、入射、反射、折射、溶解、溶液等术语。随着学年的增长，还会出现类似溶媒、溶质、熔融等更加复杂的术语。看上去差不多，实际却截然不同的概念加大了理解术语的难度。比如，重量和质量、速力和速度、分子和原子、溶解和融解等等，在没有对科学术语进行整理和总结的情况下是很难区分清楚的。

只要准确了解这些术语的词典含义，对于掌握基本概念就会有很大的帮助。比如溶解和融解都有“化解”的意思，如果深入研究就会发现，溶解是因为混合而溶化，而融解则是因为遇热而改变状态，从而融化。这两个术语截然不同。此外还有熔化和溶化之分。

制作一本术语集锦，遇到新的术语就查语文词典，写下含义。如果是英文术语，就要用英语做上标记。除此之外，还要翻看参考书，记下科学术语的含义。这样整理之后，经常拿出来翻看，熟悉了这些术语，学习科学就变得容易了。科学是与术语的搏斗，征服了科学术语的人必将征服科学。

5. 用笔记整理核心内容

科学术语很难，而且科学课也和社会课一样，有很多需要记忆的内容。如果像在社会课上那样简单记忆地名和特产名称，肯定会很狼狈。比如在社会课上背诵盛产竹制品的地方，并不需要思考太久，只要记住潭阳是竹制品的盛产地就行了。如果还想深入了解，可以在网上查找资料，或者亲自到潭阳去看看。

科学就不一样了。如果不懂原理，只是背诵结果，肯定找不到答案。只有充分理解原理，才可能记住。

在科学课上，学过海洋和陆地上的风向之后，可以像下面这样做笔记：

整理笔记的方法

区分	白天	黑夜
表面温度	陆地>海洋	陆地<海洋
风向	陆地←海洋 海风	陆地→海洋 陆风

在白天，陆地比海洋热得更快。陆地上的空气变热以后，升到空中，上面形成高气压，下面形成低气压。在陆地上空形成的高气压使得空气朝着气压低于陆地的海洋移动。移动到海洋上空的空气变冷，冷空气向下移动，导致海洋的高气压形成。海洋的冷空气朝低气压的陆地方向移动，形成凉爽的风，这种现象叫做海风。

即使理解甚至背下了上面的原理，过些时间之后，也会分不清楚白天刮的风是海风还是陆风。为了便于长期记忆，我们编了下面这段故事：

从前，有一个空气清新、生活舒适的村庄，一边是适合孩子奔跑玩耍的广阔原野，一边是凉爽的大海。某个阳光灿烂的日子，孩子们举行足球比赛，有个孩子满头大汗，连连喊热。别的孩子也纷纷说天气太热，提议去海里游泳。于是，村里的孩子们乘坐漂亮的热气球升到空中，然后哼着歌儿，朝大海飞去。看到凉爽的大海，孩子们纷纷跳了下去。跳进大海，孩子们感觉凉爽极了，刚才的炎热顿时烟消云散。但是，跳进大海的孩子太多了，很难一起在海里游泳，于是他们借了艘船，朝陆地转移。当时是下午两点左右，孩子们乘船回到陆地。他们的脸像向日葵一样灿烂。白天空气从海洋向陆地移动，这样的风就叫海风。既然白天从海洋向陆地吹的风叫海风，那么反过来夜间吹的风叫什么呢？既然是从陆地吹向大海的，当然就叫陆风。

上面这个故事没有必要写在笔记本上。只要像前面整理过的那样在笔记本上做个总结，然后记住这个故事，就能轻而易举地想起这个原理，并且也很容易记住。最好让孩子自己去编故事。这样孩子在编故事的过程中，就能背下需要记忆的内容。

6. 阅读学习目标，自己回答

和听相比，说出来会收到更好的学习效果。说之前，首先要理清思路，然后把自己整理好的思路按照一定的顺序表达出来。读完学习目标之后，口头叙述学过的内容。不过，首先要说明术语的含义，然后再有条理地说出过程。如果能用前面学过的背景知识说出科学根据，那么孩子肯定会喜欢上科学这门课。

学习目标：了解气压和空气移动的关系

孩子的解释：气压是空气重量引起的空气压力。比周围高的气压叫做高气压，比周围低的气压叫做低气压。空气从高气压向低气压移动时形成了风。高度越高，空气越少，气压也越低。突然到达高的地方，会发生耳鸣现象，这是因为气压变化产生的。

7. 通过解答问题检验自己的实力

8. 整理错误笔记

经过上面几个过程之后，再解答问题就易如反掌了。最后一步，一定要把答错的题目整理在笔记本上。整理方法可以参考“6. 整理笔记等于积攒宝物”。

11 英语不是学习，而是练习

英语万能社会

我们的社会被英语教育折磨得痛苦不堪。每天都有几十种英语教材和方法论著汹涌上市。这就好比越是在洪水暴发的时候，越是没有可以喝的水一样。同样的道理，在这种情况下，人们对英语教育仍然如饥似渴。为什么要学英语、应该学到什么程度、怎样学习英语，关于这些问题，并没有标准答案。只是社会氛围促使我们每个人都必须学英语，毫无准备就被推下了英语的海洋。这其中就包括不会游泳，也没有做过热身运动的小孩子。

第一，对英语产生兴趣，培养用英语交流的基本能力。

第二，可以进行日常生活和普通话题的自由对话。

第三，理解外国的各种信息，培养利用信息的能力。

第四，通过理解外国文化对本国文化产生新的认识，培养正确的价值观。

这是教育部第七次教育课程中提到的从小学到高中的英语教育目标。那么，实际情况又是如何呢？别说中学生，对于大学生来说，想要实现这些目标也几乎是痴人说梦。为什么会这样说呢？这是因为几十年不变的教育目标和应试制度之间存在着矛盾。要想实现这个目标，那就需要使用多种教育方法，通过适当考核，提高学生的实力。但是，韩国注重的不是能力的培养，而是考核成绩。这是韩国英语教育的问题所在。在这种教育环境下，培养孩子英语运用能力的任务就全部落在父母身上了。

有的小学不把英语作为正式科目，不做考核。等到孩子进入六年级的时候，那些关心英语会话的学生家长就开始忙着找辅导班，让孩子学习语法和阅读理解。比起英语实力，提高英语成绩变成了更实质的问题。等孩子上了初中，英语学习方法和内容发生了巨大的变化，第七次教育课程中追求的"培养用英语交流的基本能力"消失得无影无踪。此时，孩子们初学英语的兴趣也荡然无存，却还要背诵比数学公式更多的英语单词和习惯用语，比科学法则更多的句型等等，得不到片刻的休息。

2004 年 1 月，釜山高中一年级 20 名学生代表前往中国上海的复旦中学等三所学校，开始进行主题为"釜山—上海教育友好交流"的活动。釜山市教育厅从每所学校选出一名英语最优秀的学生到上海，并自以为这些釜山英语天才会"比中国学生出色"。到了上海之后才发现，中国学生的英语对话要比他们流畅得多，不由得垂头丧气。中国即使不是专门的外语高中也非常重视英语，尤其重视英语口语教学。对此，釜山的孩子们不能不深受刺激。

由于韩国相对忽视英语的应用能力，因此许多大学毕业了的上班族还要花费高昂学费继续英语进修。2003 年 12 月，招聘求职企业 JOB KOREA 以白领阶层为对象进行了问卷调查，10 名白领中就有 5 人在学外语，每人每年的平均费用为 154 万韩元（折合人民币为 8600 元）。在所学外语中，英语占 60%，汉语占 16.5%，日语占 14.1%，学习英语的人占绝大多数。

如此看来，英语教育不仅是学生家长的问题，还是个社会问题。英语教育俨然成了威胁家庭经济，甚至威胁国家竞争力的罪魁祸首。与此同时，人们为了自己的未来，却又不得不和英语教育同行。我们怎么才能缩小开支，却又最大限度地跟这个朋友友好相处呢？

关于英语教育环境的几点思考

英语是很难学好的外语——需要长期坚持不懈地反复练习

学习都是从原理出发，逐渐过渡到应用，英语却是从开始就应用。比如，数学的圆面积公式是半径 × 半径 × π（$S=\pi r^2$），那么不管是大小如棒球的圆，还是如同太阳的圆，只要知道半径，就能知道所有圆的面积。同样的道理，只要理解三角形的面积公式，就可以求出所有三角形的面积。

英语就不一样了。即使我们掌握了英语的原理，也就是语法常识，却不代表我们掌握了全部的英语表达方式。英语不像数学和科学，可以用脑子思考、计算，从而得出结果，而是需要我们真正体验，经过无数次的练习，才能表达出来。这是包括英语在内的所有外语学习的特点。为此，我们需要练习在家里、学校、饭店、户外等众多场合下的表达方式，因此需要投入比其他科目更多的时间和精力。

根据美国国务院下属的外语教育机构 FSI（Foreign Service Institute）得出的结论，培养一名能够用外语处理所有事务的外语专家，至少需要 4300 个课时。即使每周学习 5 天，每天学习 1 个小时，也需要 17 年。我们国家从小学到大学的英语课时加起来也只有 900 个小时。因此，英语不是短时间内即可学完的速成科目，而是需要投入大量时间，坚持不懈地学习。

韩国不是使用英语的国家，而是 EFL 环境

学习英语的环境大致分三种：英语为母语，英语为第二语言，英语为外语。美国、英国、加拿大、澳大利亚等国家都把英语当做母语来学习；新加坡、印度、菲律宾等国家把英语当成第二语言（ESL：English as a Second Language）；韩国、中国、日本等国家则把英语当成外语（EFL：English as a Foreign Language）来学习。

在英语是第二语言的国家，只要小学毕业，就能用英语进行基本的交流。这是因为在学校里学到的英语可以在实际生活中得到运用。然而在韩国和日本这些把英语当成外语来学习的国家，即使学了十几年英语的大学生，因为没有学以致用的环境，想要用英语交流也不容易。

因此，在学习英语的时候，应该使用各种视听资料和多媒体，多给孩子提供激发兴趣和成就感的机会。还可以创造与日常生活密切相关的教育环境，比如把英文报纸的报道当做教材使用的 English NIE（English Newspaper In Education），或者使用网络等形式，以克服 EFL 教育环境的弊端。

首先需要有趣的开端

在初级英语教育中，最重要的问题就是诱导学生对英语产生兴趣。为了对英语产生兴趣，培养用英语沟通的基本能力，首先要把英语学习变得轻松有趣。为了激发兴趣，可以多采取游戏、角色扮演、唱歌、诗朗诵等方式。对于初学英语的幼儿和小学低年级学生来说，多媒体教材效果是很明显的。

对于学龄前儿童，如果像教韩文那样从文字开始教英文，他们很快就会讨厌英语。各位家长不要忘记，孩子学习本国文字是在完全能够听懂，并且可以自己表达之后才开始的。如果让一个牙牙学语的孩子看着韩文字卡学习文字，可以想象会是什么结果。

我们应该从有声语言开始。前面已经说过，我们国家是 EFL 环境，还没有达到系统使用有声语言的条件。可行的办法就是通过多媒体教材创造一定的英语使用环境。如果使用多媒体教材，就能以游戏的方式学习。这种方式很有趣，还能学到标准的发音。同时，孩子通过诗朗诵和歌曲等形式熟悉句型和语调，可以大大提高学习的成就感和自信心。

英语实力同样来自阅读

当孩子对英语产生一定的兴趣和信心的时候，就等于做完了即将跳入大海之前的热身运动，下一步就可以跃入英语的汪洋大海了。外国人选择合适的单词，用正确的顺序说出我们的语言，哪怕发音不太自然，应该也算是说得好了。当然，如果发音也很标准，那就无懈可击了。同样的道理，要想学好英语，首先要学会自由自在地选择词汇、熟悉英文的语序才行。要想解决这个问题，掌握各种表达方式和大量单词就是必不可少的。这时候可以选择配有磁带的故事书（story book）和阅读（reading）教材。

学习母语也是在对话或读书的过程中逐渐学会新的词汇和表达方式，这样学来的语言才能成为自己的语言，而且不容易忘记。英语也不例外。通过故事书来听、说、读、写，自然而然地熟悉句子和单词，然后接受英文的语序，这才是最好的方法。

如果小时候读过很多书，即使升入初中、高中也依然适应得很快，这是因为他们通过阅读获得的“智力”能够帮助他们轻松理解复杂的学问。英语学习也是这样。通过读书获得的间接经验和词汇拓展，以及多种句型的练习可以发挥巨大的作用。

前面已经说过，教程和考试制度之间存在矛盾，导致学生只能在小学到初中一年级之间的时间里不受综合成绩和考试的影响，培养英语应用能力。即使上了大学，或者走入社会之后，我们也应该把英语学习目标定得更长远。只有这样，我们才能在学术活动和社会活动中不受任何阻碍。仅仅是在学校英语考试中取得好分数，或者取得优异的高考成绩，因此便志得意满，将来难免会遇到挫折。为了减少英语教育带来的经济损失，为了减轻孩子们承受的精神压力，我们也应该制订正确的学习目标。

英语不是学习，而是练习。跟那些一味苦学书本知识的人相比，实际经验越丰富的人说得越好。所以，我们不要把英语当成是学习，而是应该从开始就当做练习，并且持之以恒地付出努力。下面我们来介绍集中利用书籍进行练习的方法。

使用故事书进行听说练习

学习英语首先要做的就是听，听得越多越好。不过，不要什么都听，最好是选定一盒磁带或一张 CD，反反复复地听。刚开始学习英语的时候，为了尽快掌握，很多人磁带就挑了一大堆。尤其是感觉自己的孩子比同龄孩子起步较晚的时候，父母心里着急，往往一上来就让孩子猛听各种磁带。

事实恰恰相反。越是起步晚，越要缓慢前进。最开始的时候，因为没有基础，所以会很吃力。父母需要极大的耐心，才能陪伴孩子达到特定速度。小学低年级阶段，可以选择一本单词量在 100 个左右的书，听上大约 50 次，孩子就能学会正宗的发音和语调。我在这里要强调的是，孩子还达不到自由表达的程度，只是像鹦鹉似的模仿听到的内容。不过，如果从开始就让孩子听上 50 遍，孩子肯定不愿意，所以家长要发挥自己的聪明才智才行。

如果没有目标，盲目地让孩子多听，孩子也会厌倦。家长应该像下面这样制订计划表，每听一次，让孩子自己做上记号。如果孩子自己听起来费劲，父母可以陪着孩子一起听，或者让同龄的朋友们和孩子一起听，这也不失为一种好方法。以一个月听完一本书为目标，将一本书分成四部分，每周听四分之一。还可以根据孩子的消化能力，每周听三分之一或二分之一。最重要的是一定要完成当天的目标。

每天听 5 遍，跟读 3 遍，6 天下来就是 48 遍。星期天休息，下星期开始听第二部分。这样坚持 4 个星期，就可以完成一个月把一本书听完 50 遍的目标。除此之外，还可以利用吃饭时间或零散时间放给孩子听，这样可以提前让孩子达到“耳熟能详”的目标。

（××××年×月）故事书练习计划表

我的承诺！

1. 一定要规定英语练习时间。
2. 如果达不到目标就不吃饭。
3. 每天接受妈妈的检查。

教材名：

练习时间：

星期 课程	一	二	三	四	五	六，日
日期						
页数						
听力 （每天5遍）	○○○○○	◇◇◇◇◇	□□□□□	◎◎◎◎◎	☆☆☆☆☆	△▽△▽△
跟读 （每天3遍）	○○○	◇◇◇	□□□	◎◎◎	☆☆☆	△▽△
抄写	单词（5）○ 原文（1）○	单词（5）◇ 原文（1）◇	单词（5）□ 原文（1）□	单词（5）◎ 原文（1）◎	单词（5）☆ 原文（1）☆	单词（5）△ 原文（1）▽
父母检查						

上面的计划表是以一个月为单位。这里举的例子是一星期的练习量。如果没有计划，孩子就会觉得做不做都无所谓，因此必须制订计划表，然后按计划去实践。如果按照计划表上的计划付诸行动，孩子会产生成就感，从而诱发继续学下去的动力，在很长时间内都不会感到厌倦。

正如规定吃饭时间那样，英语练习时间也应该固定下来。日期和页数都由孩子自己写，每听完一遍，就让孩子自己做上记号。跟读的时候，每听一句话，就按暂停键，然后大声跟读出来。这时候需要按照磁带发出的声音原封不动地模仿。

之所以让孩子跟读，是为了让孩子认识到英文是表音文字，同时自然而然地接受英文的语序。如果每读完一句话就让孩子解释句子的意思，就会妨碍孩子对英文语序的自然接受，所以只要让孩子了解大概内容就可以了。

像上面那样听了5遍，跟读3遍之后，接下来可以把生词抄写5遍，同时标出汉语含义，然后在笔记本上把正文抄写一遍，一天的练习就算结束了。接下来父母一定要进行检查。目的不是检查孩子做得对不对，而是给孩子以称赞和鼓励，表达对孩子的关注。虽然这是小事，却能让孩子受益终生。

这样以一周为单位，不断更换学习范围，每天坚持进行听力、跟读和抄写几个步骤，孩子很快就会熟悉所学的内容。这时候，可以尝试让孩子跟着磁带说话。经过一个月之后，孩子不知不觉中就能达到对全部内容脱口而出的程度了。选择孩子最有信心的一页，让孩子集中背诵。不管听起来多么熟悉，如果不直接说出来，也不能真正成为自己的语言。因此，父母应该让孩子选择自己最感兴趣的内容背诵。如果孩子不愿意自己背诵，可以让孩子和朋友们一起背，然后在父母面前举行小规模的演讲比赛，这也是不错的方法。这样的演讲比赛是给孩子带来成就感和自信心的好机会。

孩子适应这种听说练习之后，就可以逐渐加深书籍的难度。适应快的孩子在一个月之内可以完成一本书，但是有的孩子却做不到。这种情况下，父母不要太贪心，最好循序渐进地实现目标。按照前面的计划表完成四五十本书之后，孩子就能轻松读懂单词量在350个左右的书了。任何学习都是这样，尤其是英语，耐心和持之以恒是成功的钥匙。数学可以在短时间内进入前几名，英语却需要时间，不能轻而易举地赶上去。使用故事书学习英语的时候，要在整个小学阶段都把这种学习方式当做习惯。这样不但能够以低廉的费用学习英语，还能自然而然地了解外国文化，可谓一箭双雕。不要三天打鱼两天晒网，坚持不懈地听、说、读、写，这才是学习英语的捷径。

使用阅读教材进行听说练习

如果每个月能读完两三本书，就可以使用分级阅读（reading）教材学习了。阅读教材以短文的形式，收集了小说、散文、体育、科学、广告、书信、说明文等各种体裁的文章。最好从五六年级开始使用。阅读教材也要挑选配有磁带的，每天至少听15遍。如果有效利用阅读教材，就可以同时解决听力问题。而且每个单元都有考核理解程度的问题，还有助于提高英文写作能力。因为内容很短，还可以在不看书的情况下写出整篇文章。这也是提高写作能力的好办法。

（××××年×月）阅读练习计划表

我的承诺！

1. 一定要规定英语练习时间。
2. 如果达不到目标就不吃饭。
3. 每天接受妈妈的检查。

教材名：

练习时间：

星期 / 课程	一	二	三	四	五	六，日
日期						
单元						
听力	○○○○○ ○○○○○	◇◇◇◇◇ ◇◇◇◇◇	□□□□□ □□□□□	◎◎◎◎◎ ◎◎◎◎◎	☆☆☆☆☆ ☆☆☆☆☆	☆☆☆☆☆ △▽△▽△
跟读	○○○○○	◇◇◇◇◇	□□□□□	◎◎◎◎◎	☆☆☆☆☆	△▽△▽△
抄写	单词（5）○ 原文（1）○	单词（5）◇ 原文（1）◇	单词（5）□ 原文（1）□	单词（5）◎ 原文（1）◎	单词（5）☆ 原文（1）☆	单词（5）△ 原文（1）▽

阅读教材也和故事书一样，最重要的是制订具体而明确的计划，然后按计划付诸实践。像上面表格列出的那样，每天听 10 遍，跟读 5 遍，抄写单词 5 遍，抄写课文一遍，每周学习两个单元就可以了。不过，孩子之间存在个体差异，制订计划之前，应该考虑到孩子的实际情况，尽量使练习时间和练习量不给孩子带来压力和负担。阅读练习中最重要的依然是孩子和父母双方的坚持。孩子的实践在于每天听磁带和跟读。父母每天要做的事情是检查孩子是否达到计划中的目标。风雨无阻、持之以恒，这样才能攻下英语这个坚不可摧的堡垒。还有一点必须要记住的，就是多读英文书，这样才会感觉英语越来越容易，英语水平也会自然而然地得到提高。

关于语法

语文分为听、说、读、写、语文知识、文学等六个部分，英语也包括语言的四个部分和语法，以及文学。孩子之所以觉得语文难学，主要是因为他们不懂得包括语文知识在内的语法。由此可见，繁琐的英文语法对于孩子来说也不会太容易。如果把英语学习比喻成一棵树，那么语法就相当于树的枝干，在培养牢固的英语实力中发挥着重要的作用。

前面已经说过，多读英语书才能打下坚实的基础。通过根基吸收的养分和水分，也就是表达方式和词汇，会沿着语法的枝干向上输送，从而让大树长出美丽茂盛的叶子，也就是高水平的英语表达。通过学习语法，学会用英语思考和说话，就会越来越轻松和自然地表达自己的想法。在英语运用能力达到一定程度的时候学习语法更有效果。否则，就会适得其反。举个例子，我们应该从语法角度接近已经充分理解的语句，学习英语的语法规则。如果反过来，为了理解语法概念而去学习英文语句，只会让孩子觉得语法和表达都很困难。

语法是理解英语的辅助手段。至少在小学阶段，应该让孩子远离语法，自由自在地学习，这样才会对今后的语法学习产生帮助。通过阅读大量的书籍，接触大量优美的文章来提高词汇量，孩子的英语基础就会变得更牢更深，语法的枝干自然也能长得更壮更高。

第三章

培养孩子的学习潜力

1 让孩子拥有梦想

孩子在梦想中成长

如果问小学低年级的孩子有什么梦想，孩子们会毫不犹豫地说出来。相比之下，越是高年级的孩子，面对这个问题越是迟疑不决。因为随着年龄的增长，距离孩子更近的不再是理想和梦想，而是现实，是成绩。

之所以要让孩子们拥有梦想，最重要的并不是实现梦想这一结果，而是让孩子经历为实现梦想而努力的过程，拥有为梦想而奋斗的激情。没有梦想的孩子很难拥有目标，没有目标的孩子在遇到困难的时候很容易被挫败。学习也同样如此。有梦想的孩子知道自己为什么要学习。即使没有人督促，他们也会为了实现自己的梦想而努力。

为了激发孩子的学习动力，家长们常常表现出对学习成绩的期待。比如全班第一名，或者全校前十名等等。其实这样做更容易导致孩子的梦想全盘毁灭。为了梦想而努力其实是自我超越，而所谓的第一名、第二名只会培养不必要的竞争心理。在和别人的竞争中取得第一名之后，容易丧失目标，就像龟兔赛跑寓言里的兔子，被自我优越意识迷惑，反而变得懒惰起来。也就是说，不可能每个班级的孩子都能取得第一名，但所有人都可以实现自己的梦想。

学习如逆水行舟，不进则退。并不是说只要盲目摇桨，船就能前进。只有朝着上游的目标用力摇桨，船才能穿过波涛向前行驶。梦想如灯，黑暗中能照亮前进的方向。只要有梦想，热情之火就不会熄灭。没有梦想的人什么事也做不成。那些有梦想的人，总会有所作为，哪怕只是很小的成就。

孩子小的时候，父母经常陪着孩子一起读书，看着孩子学习，所以不会出现上述现象。但是，孩子长大以后，学习量增加，内容越来越难，父母在学习方面给予孩子的指导就相对减少了，从而经常因为学习问题和孩子发生摩擦。因此，我们有必要激发孩子学习的动力。如果强迫没有学习动力的孩子学习，就像孩子在前面拉着满载货物的手推车，妈妈在后面推是同样的道理。如果遇到上坡路，两个人都会自暴自弃。相反，如果孩子有学习的动力，那么无论遇到什么样的情况，都会不知疲倦，坚持不懈地朝着自己的目标努力。下面我们来看看激发孩子学习动力的方法。

从孩子喜欢的事情入手

自古以来就有这样的话：“知之者不如好之者，好之者不如乐之者。”父母要做的重要事情就是发掘孩子的兴趣。孩子喜欢的事情和孩子的性格取向有关。如果孩子有特别喜欢的领域，就应该集中开发，而不是让他们艰难地钻研其他学科。这样，不管是对孩子还是对父母都有好处。

家长可以通过性格取向测试来了解孩子喜欢的事情。不过对于孩子来说，通过观察也可以知道。根据哈佛大学霍华德·加德纳教授提出的多元智能理论，人类的智能主要分为九个领域，即音乐智能、身体和运动智能、逻辑和数学智能、语言智能、空间智能、人际关系智能、内省智能、自然探索智能和生存智能等。这些智能在互相影响的过程中形成具有特定性情的人格个体，多元智能理论的核心问题就是探究可以把各种智能开发到什么程度。

孩子之所以在某些方面特别擅长或喜欢，正是因为孩子在该领域的智能比其他智能发达。音乐智能优秀的孩子对声音很敏感，能够轻松区分高音和低音。身体和运动智能发达的孩子，即使不刻意学习，也能做好各项运动。在各领域取得较大成功的人大多是在小时候就被看出性格取向，从而开发出了潜能。

因此，父母不能把自己的孩子和同班擅长数学的孩子或者邻家会弹钢琴的孩子作比较。在和其他孩子作比较之前，最好先从自己孩子身上找到特有的性格取向。找到孩子的性格取向，让孩子拥有梦想，然后还要帮助孩子找到恰当的学习方法。

四年级的秉振很乖，但是只要让他学习，却连10分钟都坚持不下来。学校布置的作业就不用说了，就连自己的学习用具都不能准备利索。试卷上答错的题永远比答对的题还多。只要开始学习，他就盼着快点结束，可见他对学习怀有抵触心理。

但是教过秉振几天之后，我发现了他的潜力。他对别的功课心不在焉，但唯独对科学表现出了浓厚的兴趣。于是，我就让他集中钻研科学。我找来相关单元的课外书，让他阅读，然后做笔记。

有一天，秉振从学校回来，脸上掩饰不住喜悦，原来他在学校里得到了老师的表扬。在科学课上，秉振因为事先做了预习，不但回答出了其他同学都不会的问题，还说出了老师没问的内容。同学们也纷纷向他请教。因为对科学的兴趣，使他受到了老师的表扬，老师的表扬又促使秉振对学习产生了更浓厚的兴趣。一年之后，秉振已经变成了爱学习的好学生。所以说，盲目要求孩子学习之前，应该先想想孩子喜欢什么，让孩子集中钻研自己喜欢的科目。千里之行，始于足下。学习应该从自己喜欢的领域入手。

告诉孩子丰富多彩的职业世界

也许有的读者认为，对小学生谈职业为时尚早，可我不这样看。小学毕业之后，初中和高中生活加起来也只有6年时间。从高中二年级开始分文理科，有的实验学校从初中三年级就让学生作出选择。这样算来，孩子从进入初中就应该考虑今后的出路了。对未来早有打算的孩子和毫无想法的孩子，他们的目标意识和对学习的热情肯定会存在差异。

如果询问孩子想做某项职业的理由，大多数会简单回答“因为这个职业很热门”“因为这个职业可以赚很多钱”。真正了解自己职业兴趣的孩子并不多，大部分只看到了职业的表象，产生了天真的幻想。随着年龄的增长，这种幻想破灭了,孩子的梦想也就动摇了。接下来只能凭借成绩被迫选择出路，根本无暇顾及自己的性格取向。因此，很多年轻人在青春期之后还要经历第二次彷徨。

近来，很多孩子梦想成为明星，主要是受到电视等多媒体的影响。因为父母和长辈没有告诉孩子有关的职业状况，而明星们的无限风光却对孩子造成了巨大的影响。

学者家庭多出学者，主要是因为孩子从小受到熏陶，从而产生了学习动机，也想成为学者。因此，父母不要强求孩子做某项职业，而是先让孩子看到有着形形色色不同职业的成人世界，这才是最重要的事。孩子看得多，听得多，自然就会对此加以思考了。

职业世界太过丰富多彩，父母不可能事无巨细地告诉孩子，不妨和孩子一起看看简单介绍各种职业特点的书籍，让孩子思考自己适合从事哪个领域的工作。如果孩子表现出对某个职业的兴趣，父母就应该进一步了解这种职业是否适合孩子的性格，是否有好的前景，然后和孩子深入交谈，体现出对孩子的关注。同时，也有必要和孩子一起了解，从事这种职业需要具备什么能力，应该学习什么等等。假设孩子想做国际律师，父母就应该让孩子知道，想要从事这种职业，需要具备较高的法律知识和英语实力，让孩子自然而然地认识到学校学习和英语学习的重要性。

引导孩子和自己而不是和别人比较

父母希望通过优秀孩子的事迹来鼓励自己的孩子。但是，孩子却因为自己被父母拿来和别人比较而伤了自尊心。这种时候，孩子可能会想“我不行”，“那个孩子与众不同”，从而自暴自弃。

釜山市青少年综合咨询室曾经介绍过“让子女伤心的八句话”，有一句就是类似“你哥哥从来都不这样，你为什么要这样？”这种在兄弟姐妹之间作比较的话，会让子女伤心难过。

此外还有“你给我滚”（气话）、“你要是再犯一次，我绝不饶你”（威胁）、“急死我了”（催促）、“你以为妈妈愿意生气吗？”（辩解）、“我真拿你没办法”（否定孩子的潜力）、“你的脑子怎么这么笨？”（挖苦孩子缺点）、“你没必要知道”（轻视），这些也是孩子不愿意听到的话。

很多父母并不关心自己的孩子哪些方面做得好，只是关心和别的孩子作比较的结果。如果片面地用成绩和别的孩子作比较，就无法发现自己孩子的优点，孩子在父母面前也会失去自信。如果真心希望自己的孩子优秀，那就不要拿自己的孩子和别的孩子作比较。

赞美带来自信和成就感

不管学习多么有趣，都比不上在游乐园里玩耍。一年 365 天都要学习，在游乐园玩耍的时间却不到一个星期，孩子当然会厌倦了。虽然玩耍比学习更有趣，但是如果让孩子玩上很长时间，孩子也会厌倦。因此，父母应该在提高孩子的学习兴趣上下一番工夫。

即便学习过程很艰苦，只要能让孩子在学习当中获得成就感，就能十年如一日地学习。真正的乐趣并不是来自于感官的刺激，而是来自于成就感。

让孩子获得成就感的方法很简单。不管做什么事，开始阶段都要给予认可。认可的最好方法就是赞美。尤其是在开始的时候，如果孩子能得到称赞，就会取得出人意料的成果。

明希在学校里学写了一首诗，回家之后得意洋洋地念给妈妈听。妈妈虽然心里觉得写得很糟糕，但是没有表现出来，而是和明希进行了下面的对话：

明希：（得意洋洋地）妈妈！我在学校里写了一首诗，老师让家长签字。

妈妈：哎呀，我们明希能写这么好的诗了？太意外了。明希，以后你肯定会成为优秀的诗人。你是怎么想到要写这首诗的呢？

明希：（妈妈的称赞让她欢天喜地）其实，刚开始我也不知道应该怎么写，后来我想起了和妈妈一起去海边的情景，于是就写了这首诗。

妈妈：是吗？那你把这首诗写在画纸上，然后在旁边画幅画吧。妈妈把画放到相框里裱起来，挂在你的房间里。

妈妈话音刚落，明希就跑出去买画纸了。后来，不仅诗歌，任何文章明希都能写得非常出色，因为她有认可自己能力的妈妈。

孩子会为微不足道的小事感动，尤其是父母的赞美，足以让孩子感动良久。体验过感动的孩子，即使陷入情绪的低潮，也会想起自己以前做过的事情，很快重新振作起来。只要有一个人相信自己，认可自己，孩子就不会被打败，不会丧失自信，最终实现自己的梦想。

自信会让孩子的才华和能力得到超水平发挥。不管做什么事情，只要充满信心，就能唤起内心的力量，使之转化为更强大的能力。

有了自信，学习本身也就变成了主动行为。孩子渐渐明白，学习并不是那么困难的事情。即使有困难，也能收获相应的喜悦和成就感。这种自己领悟的喜悦，没有体会过的人是无法得知其中滋味的。这样的喜悦积累起来，孩子的学习能力会不断提高，从而获得小小的成就感。这种小小的成就感会变成更强大的自信。不知不觉间，学习就变成一种习惯，成为生活的一部分了。

2 培养热爱学习的孩子

养成学习习惯的孩子

就像每天要按时吃三顿饭一样，如果孩子每到固定时间就坐到书桌前学习，就说明他已经把学习当成习惯了。即使没有大人提醒，他们自己也会主动学习。对于这样的孩子来说，学习是很轻松很有趣的事。他们认为在固定时间学习是理所当然的事情。

与之相反，对学习感到吃力的孩子却把学习当成是偶尔为之的特别活动。正如 365 天从来不做运动的人偶尔爬山就会全身酸痛，认为学习是特别活动的孩子也会浑身不舒服，当然无法在书桌前坐很长时间，别说养成习惯，聚精会神地学习一两个小时都很困难。

怎样才能把学习当成习惯呢？

最好的方法就是制订每日计划，然后付诸实践。每天按照计划表学习，不知不觉就会把学习当成习惯了。但是也不要期待在短时间内让孩子养成学习的习惯，计划至少要坚持一年才能有成果。明确了学习动机，每天都有学习计划，下一步就是孩子的实践和父母的检查了。为了让孩子持续完成计划，父母坚持不懈的管理也是必不可少的。父母的关心和督促才能造就出把学习当成习惯的孩子。

制订每日计划表并付诸实践

为了制订每日计划，需要事先明确每天要学习的内容及顺序。不但学习时间，连学习量也要作出具体的规定。每日计划要按照孩子们的特点制订，最好以学习量为基准，而不是学习时间。最重要的就是每天都要检查孩子是否完成了计划。当孩子没有完成计划的时候，不要忙着惩罚和批评孩子，而是要问清原因，和孩子一起寻找新的方法。

如果能和孩子一起制订年度计划和每日计划，最终将会成为非常庞大和宏伟的计划表。但是，很少有人能坚持到底。孩子的意志固然重要，但最重要的还是父母的检查和管理。各位家长不要忘记，孩子的学习意志来自父母的检查和管理。如果妈妈能像每天为家人准备早晚饭那样，检查孩子是否按计划学习，孩子肯定会把学习当成习惯。

四年级第一学期学生的每日计划表

星期 / 课程	一（7/19）	二（7/20）	三（7/21）	四（7/22）	五（7/23）	六（7/24）
读书	阅读童话书 写读书目录		阅读历史书 写读书目录		阅读科学书 写读书目录	休息日
英语	听故事书/跟读1/4	听故事书/跟读1/4	听故事书/跟读1/4	听故事书/跟读1/4	听故事书/跟读1/4	
数学	第一单元的1/3	练习试卷1/2	第一单元的2/3	练习试卷1/2	第一单元的3/3	
社会科学	了解尤茨游戏[1]等民俗游戏	阅读与动物相关的书籍，剪贴相关内容	了解文化遗产	调查地层和化石，整理资料	查找关于庆州遗迹的资料	

①韩国传统游戏。通常用四根木棍来玩，把木棍高高抛起后，以落地时木棍的正、反以及是否相压等规则来计分，然后按分数走棋。类似于中国的掷十二象游戏。——译注

作业日记					
父母检查					

上面的计划表针对不参加辅导班，而是在家自学的孩子。以一个星期为单位，制订每日计划表，然后一定要付诸实践，并且让孩子自己检查实践结果，整体结果由父母检查。这里检查的意义并不是为了让父母监视和控制孩子的学习状态，而是因为孩子希望自己的全部行为都得到认可。如果孩子在父母面前表现得很努力，父母就应该给予承认，这才是父母检查的真正目的。这样持续地进行实践和认可，孩子就会越来越愿意耐心实践计划了。

检查还有另外的意义，那就是让父母尽快了解到妨碍孩子学习的原因，计划是不是真的可行等等，并且及时加以解决。如果孩子很痛苦，或者计划完成不了，父母就需要修改计划。星期六下午，父母可以和孩子一起回顾一周以来的实践成果，互相反省，然后进一步立足于现实，更加具体地制订下周的学习计划。

实践每日计划的四个原则

必须确定先后顺序

当天要学习的书按顺序摆放在书桌左侧，每完成一个科目，就把相应的书挪到右侧，然后检查目标是否完成。这时尽量不要改变顺序，也不要混淆不同科目的书籍。

学习定量不定时

如果不规定学习量，只是单纯规定学习时间，就等于在没有目的地的情况下盲目乘船航海。部分精力不集中的孩子还会蹭时间。因此，父母从开始就要规定学习量，注意不要贪多，否则会让孩子产生厌倦心理。哪怕少点儿也没关系，但是必须完成当天规定的学习量。这样一来，不但提高了学习效果，还能培养孩子的责任感。

父母必须检查

有时候，孩子在学习上只有三分钟热度，很大的原因就在于父母没有检查。如果见不到孩子，至少可以打电话询问一下。如果孩子觉得自己在辛辛苦苦地学习，却没有人知道，就会很容易失去兴趣。这时候需要注意的是，不要让孩子感觉到父母的检查是为了监视自己，而是努力让孩子和父母之间产生共鸣，感觉父母看到了自己在学习上付出的努力。

根据学习结果给予奖励

要想让孩子持续学习下去，适当的奖励必不可少。比如，孩子独自完成学习任务的时候，父母可以给孩子贴上贴纸。贴纸积累到一定的数量，就可以送一件礼物，这也是不错的方法。

3 营造适合学习的环境

电视影响学习

放学走出校门时，孩子就会重新打起精神，准备“回到家里好好学习”。但是，客厅里 34 寸的大电视正闪烁着绚丽的色彩，发出混乱的音响。先行回家的弟弟正在房间里聚精会神地玩着电脑游戏，声音也放得很大。转瞬之间，学习的决心便消失得无影无踪，他不由自主地被吸引了过去，转眼就过去了两三个小时。

到了晚上，吃过饭想要做作业的时候，小狗跑来跟他玩儿，一个小时就这样飞快地消逝了。9 点钟，爸爸从公司回来，打开电视看新闻。孩子一边做作业，一边偷偷地瞥两眼电视，突然看到了有趣的电视剧，就完全被电视给迷住了。不知不觉已经到了 12 点，得赶紧洗漱睡觉了。那么，第二天会不会有所好转？亲戚来做客，再加上家庭活动，今天要做的事情又要推到明天。就这样，一个学期过去了，转眼到了假期。

准备考试的人们之所以去考试村或山里学习，就是为了营造适合学习的氛围。注意力在很大程度上受到周围环境和氛围的影响。这就好比阳光集中于凸透镜，用不了几秒钟，就可以点燃木材。如果使用普通的玻璃，不管用多长时间，也达不到这个效果。

如果孩子不能集中注意力，父母不要急于责备孩子，首先想想自己有没有为孩子营造好的学习环境，然后想办法消除外部干扰。你知道吗？真正妨碍孩子注意力的罪魁祸首就是电视。

看见孩子长时间坐在书桌前，父母还以为孩子在努力学习，其实有时候这只是错觉。父母在客厅里看电视的时候，孩子也在书房里用耳朵听电视。虽然眼睛在看书，耳朵却在专注地听别的声音，孩子这时其实是在浪费时间。这种情况每天都在发生，想想结果会怎么样。因为不能全神贯注，不管投入多少时间学习，都跟用玻璃点燃木材是同样的道理，结果肯定是一无所获。

通过电视既可以获取丰富的学习资料，也可以获取了解未知世界的间接经验。因此，电视的确具有很好的教育功能。但是，这种情况仅仅局限于父母有意以教育为目的让孩子看电视的时候。如果脱离父母的管理，看电视不但起不到教育功能，反而会有碍于学习。这样说也许有些极端，但是事实确实如此。电视不但妨碍孩子的学习，甚至会毁灭孩子的人生。

电视剥夺孩子思考的能力

“儿童光碟”曾经深受父母的欢迎。让孩子坐在电视机前看光碟，妈妈就可以安心做家务。很多妈妈都买这些光碟给孩子看。这样一来，妈妈有了做家务的时间，也可以和邻居妈妈聊天了。那么孩子呢？集中力和思考力则会大大降低，脑部发育出现障碍，导致开口说话较晚、智能发育迟缓等不良后果。

美国少儿科学会（AAP）对家长提出警告：“儿童每天看电视或光碟的时间不能超过两小时，尤其是两岁以下的儿童，应该远离电视”。根据AAP最近发布的调查结果，小时候看电视过多的儿童集中力较弱，生活散漫。关于经常看电视的孩子思考力和创意力大大降低的研究结果也比比皆是。尤其是两岁以下的儿童，坐在电视机前会阻碍大脑发育，从而延迟开口说话的时间，导致智能发育迟缓，影响社交能力的发展。

首尔大学医学院精神系教授刘仁均也向父母提出警告："看电视和吸毒很相似。小时候迷恋电视的孩子，长大以后迷恋药物、香烟、酒精的可能性更大"，"过多看电视会影响孩子想象力的发展"（《东亚日报》2004年4月11日）。

电视给孩子带来诸多不良影响，最大的问题是剥夺了孩子的思考力。什么都不需要思考，只要呆呆地看着画面就行了。刚开始看电视的时候，孩子会安静一段时间。对于因为工作而身心俱疲的白领来说，短时间看电视可以放松使用过度的大脑。30 分钟、一小时之后，脑子里便什么思想都没有了。至少在看电视的过程中，人变成了"无脑人"。

孩子应该多进行思考活动，借以开发大脑。看电视的时间无异于"大脑活动停止的时间"，也就是变成"傻瓜"的时间。思考力是决定孩子学业成败的最重要因素。人类历史上所有伟大科学真理的发现都来自于"思考力"。过多收看电视成为剥夺思考力的罪魁祸首。既然这样，那么看电视就可能比小偷盗取财产产生更严重的后果。这是我们必须认清的事实。剥夺比黄金更宝贵的时间和大脑思考力的电视，已成为毁灭孩子人生的凶手。

电视是视觉毒品

电视被称为视觉毒品。它具有某种魔力，容易让人上瘾。美国科学杂志《美国科技》就电视中毒对人们造成的心理影响做过实验，并以专辑的形式展示了实验结果。

参加实验的人们打开电视，心情就变得轻松、平静了。关闭电视，他们马上又回到紧张状态，精力无法集中。看电视的过程中，他们也总为自己没能做其他事而后悔。尽管这样，他们投入在电视上的时间仍然比预想中的多，电视的作用和神经镇静剂相似。药效过了以后，不安和痛苦再次袭来，只好继续服用药物，或者加大药量。研究人员解释说，因为担心关闭电视以后，暂时缓解的紧张情绪会卷土重来，所以轻易不敢关电视。在心理学家看来，电视不仅让人变成了“傻瓜”，而且还是个剥夺人类生存本能的“吸血鬼”。除此之外，电视还是肥胖的主谋，也给情绪和行动功能带来负面影响，这些都是众所周知的事实。

实践关闭电视的方法

探究孩子爱看电视的原因就会发现，问题并不仅仅在于孩子自身，而是家庭文化存在问题。最大的问题是父母都去上班，家里没有别人。孩子放学回家之后，家里空荡荡的，没有人迎接自己。为了缓解空虚和恐惧，孩子首先就会打开电视。这些孩子不但要赤裸裸地面对电视的负面影响，甚至还会受到电视的支配。

还有个问题就是成人一般都是比孩子先行打开电视。原本安静的家里突然响起了电视的声音，学习气氛自然就被打破了，孩子立刻把注意力转向电视画面和声音。大人自有大人的理由，要想了解不断变化的世界，至少应该看看新闻才行。新闻结束后，有趣的节目接二连三，那有什么办法呢？

由此看来，解决电视问题的钥匙掌握在父母手中。很多父母并没有意识到电视问题的严重性，反而会提出抗议，如果没有电视的陪伴，那还怎么生活呢？

关闭电视的好处只有亲身体验过的人才知道。关掉电视以后，就有更多的时间陪伴家人，孩子也会爱上读书。没有实际经历的人当然体会不到这些好处。

“那些经常说自己很忙的男人，一旦关掉电视，其实是在浪费时间，便理所当然地会关注家务，也会有时间读更多的书。而女人则开始写信。家庭面貌焕然一新，又有了花草的芳香。孩子也会尊敬和热爱父母”（这是淑明女子大学儿童福利系教授徐英淑的观点，摘自《东亚日报》2004 年 5 月 7 日）。

美国东华盛顿大学芭芭拉·布鲁格博士以美国385名不看电视的人士为对象进行调查，结果显示出几个有趣的现象。第一，孩子最尊敬的对象从演艺明星变成了父母，其次是老师、运动教练、哈里·波特、耶稣、马丁·路德·金牧师。第二，不看电视的时间里做得最多的事情是读书，其次是游戏、业余爱好、运动。第三，83%的父母回答说，不看电视有助于孩子的学习。51%的孩子在所有科目都取得A或接近A的成绩（《东亚日报》2004年5月7日）。

我奉劝那些尚未感觉到电视的罪恶、尚未认识到关闭电视的好处的父母，为了你心爱的孩子，尝试关掉电视一个月。实践关闭电视的方法如下：

改变电视的位置

直接把电视处理掉，这是最切实有效的方法。如果现实操作有困难的话，可以试着把电视从客厅搬到其他房间。如果电视放在客厅中间，孩子很容易分散精力。刚开始是孩子看电视，过一段时间孩子迷上电视以后，就会发生电视看孩子这种让人哭笑不得的事了。

客厅里没有了电视，可以尝试为了孩子的学习而改变室内装潢，让孩子把在家里读书看做是非常自然的事情。室内装潢没有必要规模太大，只要放置一个书架，上面摆上孩子喜欢的书籍，再放置一个小讲台即可。客厅墙壁上没有必要挂世界名画，可以装裱比名画更美的孩子的绘画作品或者诗作，挂在墙上。这样，放学回到家，孩子就可以马上投入到学习中去了。

让不看电视日常化

大人首先作出榜样，让孩子看到，原来没有电视也可以照样生活。怎样才能让孩子减少看电视的次数呢？怎样才能让孩子只看儿童节目呢？如果你总是考虑这些问题，就等于把解决电视问题的主导权交给了电视，最后只能回到原点。“这个我要看。”“不行，赶快把电视关了。”“看完这个就关。”这样的对话每天都在继续。因此父母首先要作出榜样。原则就是不看电视。父母要先想办法和孩子共同度过美好的时光，比如回到家里就看书，或者做家务，或者关注孩子的学习情况，和孩子一起做运动等等。孩子没有时间看电视，和电视之间的关系自然就疏远了。

规定看电视的时间和节目

确定一个原则，父母和孩子都只看固定的节目。要让孩子看到父母也严格遵守规则，而且让孩子知道，这些原则同样适用于他们。或者把看电视当成特别的活动，只有全家人聚在一起喝茶吃水果点心的时候才可以打开。这也不失为一个好办法。规定的电视节目结束，或者规定时间到了，就要让孩子果断地关掉电视。

电视问题是个复杂的函数问题，关系到大人和孩子，以及家庭气氛等诸多因素。因此，这个问题应该由全家人坐在一起进行深度探讨，共同解决。电视问题关系到孩子的未来，因此我奉劝各位家长，至少要把上面列举的三种方法中的一种付诸实践。那么，你的孩子肯定会发生变化。

和游戏的战争

还有一件事，它和电视一样妨碍孩子集中注意力，掠夺孩子宝贵的时间，那就是电脑游戏。孩子和电脑玩游戏，而父母为了不让孩子痴迷于电脑游戏，又和自己的孩子玩起了猫捉老鼠的游戏。

父母首先选用的方法是处理掉家庭电脑。但是不行，强中更有强中手，孩子开始不回家了。四处打听才知道，孩子竟然在朋友家里打游戏。父母气急了，惩罚孩子一个月不许去朋友家。这回孩子又想出了新对策，他们开始在附近的网吧里打游戏，父母不得不去网吧把孩子揪回来。

无奈之下，父母只好又把电脑搬回家，但对孩子下了死命令，只能在规定时间里打游戏。同时还设置了开机密码，只有父母才能打开。但是，孩子不知道怎么居然破解了父母的密码（其实只是父母不知道罢了，这对孩子来说简直易如反掌），只要父母不在家，孩子就偷偷打游戏，宝贵的时间都消耗在电脑游戏上了。

孩子们因为电脑游戏而受到伤害的严重程度远远超出我们的想象。迷上电脑游戏的孩子，在课堂上也满脑子都是电脑游戏的画面，手在课桌上敲敲打打。即使没有电脑，他们也从早到晚“打”游戏。痴迷电脑游戏的孩子甚至还买来与游戏相关的书籍学习，其种类之繁多，专业性之强，堪比学者和专家。

前不久，课堂上有个孩子正在发呆，我问他：“你能说说我刚才说了什么？”孩子几乎带着哭腔回答说：“老师，我也想专心听讲，可是电脑游戏的画面总是不停地浮现在我的脑海。”这个孩子的情况比较严重。不过，我和母亲们谈过之后，发现所有喜欢电脑游戏的孩子情况都差不多，只是程度不同罢了。

若想在与电脑游戏的决斗中取胜，最好的办法就是从开始就不让孩子尝到电脑游戏的甜头。孩子很小的时候，家长不让孩子知道电脑游戏的存在。这是最好的办法。但是，孩子们真的会对电脑游戏一无所知吗？孩子早晚会知道，而且还会喜欢上电脑游戏。不过，我们应该尽可能推迟孩子和电脑游戏接触的时间。更重要的是在孩子了解电脑游戏之前，先让孩子体会到更快乐的业余生活。

我们应该努力让孩子认识到读书比打游戏更快乐。比如在旅行途中探索的喜悦，比如绞尽脑汁解答出数学习题的快感。父母可以让孩子带着水彩到田野里画水彩画，在艺术的海洋里畅游。也可以让孩子和朋友们举行足球比赛，体会运动的愉悦。或者全家一起看比赛、听音乐会，尝试这样的快乐岂不是更好？偶尔让孩子和朋友们去乒乓球馆，玩得满头大汗之后，再去吃一碗刀削面，留下美好的回忆。孩子小的时候，父母只要稍微用心，就能帮助孩子找到比电脑游戏更快乐的事情。这样一来，孩子的注意力就不会被游戏吸引过去了。

第一次给孩子买游戏软件的时候，父母都没把电脑游戏想得太严重。“现在的孩子哪有不玩儿游戏的啊？”“这也是孩子世界的文化，应该让孩子试试。”然而他们万万没有想到，因为孩子迷上游戏而焦头烂额的日子已经近在眼前了。

孩子渐渐迷上电脑游戏，时间由最初向父母承诺的30分钟变成一个小时，又从一个小时变成两个小时、三个小时。后来开始和朋友们展开网络大战，时间就更长了。到了这个程度，游戏就不再是游戏，而是变成了荒废学业乃至阻碍人生发展的恶魔。

如今，游戏已经成了孩子世界的重要文化，不可能让孩子完全杜绝游戏。但是，我们应该给孩子指出更快乐的道路，让孩子首先喜欢上这条道路，以此解决电脑游戏问题。我们不能只让孩子自己去做，而是应该和孩子一起完成，至少每周陪孩子一次。这样一来，孩子即使玩起电脑游戏，也会自觉遵守最初向父母作出的30分钟的承诺。这是父母和孩子共同战胜游戏唯一有效的方法。

4 品行端正的孩子学习好

剪枝的必要性

懂得种植的人会在一定时期不遗余力地剪掉不必要的枝条。如果剪枝恰当，树木就会长得端正，而且年轮的花纹也均匀美观，从而具有更高的价值。

有时候，我们的孩子也会长出诸如固执、自私、满口脏话等无用的枝条。碰到这样的情况，正如树木自己不能让枝条脱落，我们也应该忍痛帮助孩子剪枝。毫无疑问，最恰当的人选就是父母了。这项工作越是尽早进行，父母越是没有遗憾。

孩子小的时候，任何行为都显得美好而可爱。即使从孩子的嘴里说出粗话脏话，即使孩子揪爷爷的胡子甚至打爷爷的脸，大人也会觉得孩子还小，笑笑就过去了。大人们普遍认为，孩子这样做是因为还不懂事，将来能听懂大人说话了再教训也不迟。事实上这与年龄无关，如果不及时教育，哪怕再过 20 年，孩子的言行也不会有丝毫改变。如果你希望自己的孩子长成参天大树，结出丰硕果实，那么孩子小的时候你就必须严加管教。

娇生惯养的孩子和受过严格教育的孩子在生活中会表现出巨大的差异。娇生惯养的孩子，也就是不知疼痛为何物的孩子，往往难以理解他人的痛苦。这样的孩子容易自私自利，受到伙伴们的排斥。看到这样的孩子，伙伴们会说，“他太自私了，我可不想跟他交朋友”。

相反，受过严格教育的孩子，也就是因自己的过错受到过父母的指责，甚至挨过打的孩子，他们具备了从容应对错误的能力。即使遇到困难，这样的孩子也不会轻易被打倒。

孩子犯错误的时候，应该通过严厉的批评和适度的体罚帮助他们改正错误。如果孩子犯的是道德错误，可以通过肉体的惩罚让他们改正自己的行为。如果是其他方面的错误，希望家长们通过教育帮助孩子树立正确的价值观。不过，每次以爱的名义举起鞭子的时候，父母们必须扪心自问。

父母此时应该思考，自己是不是为了缓解压力，或者发泄愤怒而责打孩子，是不是因为感情波动而对孩子下手过重。同时也应该反思，平时是不是对孩子的学习不管不顾，等到有一天看到成绩单的时候，才拿自己的孩子和邻家的孩子作比较，最后出于气愤而打孩子。

这种情况下举起的鞭子已经远离了惩戒的初衷，只会给父母和孩子都留下伤痕。孩子感觉到了父母的心情，不但不会因为挨打而反省，反而会产生逆反情绪。事后愧疚的父母又常常试图以不必要的礼物来弥补毒打带给孩子的伤害。

打孩子不应该在父母恼羞成怒的时候，而应该在父母完全理智的状态之下。当孩子说了不该说的话，或者作出错误的举动，父母已经做了明确批评，却不肯改正的时候，才可以举起公正妥当的鞭子。贞雅家制订了下面的“鞭子规则”，就很有代表性。

鞭子规则

错误的言行举止	挨打部位	次数
姐妹之间打架	手心	2下
骂人	小腿	5下
自己的东西不肯借给别人	屁股	3下
在公共餐厅乱跑	手心	1下

像这样和孩子商量着制订出鞭子规则，然后再教训孩子，那就没什么问题了。孩子们正在打架，父母拿出鞭子规则来给他们看。他们会突然拥抱对方，尽管动作很不自然，也还是假装出很亲密的样子说：“我们没有打架，是不是？”这是贞雅家经常出现的场面。

“做好人”比“学习好”更重要

根据韩国教育课程评价院的调查结果，如果父母把子女拥有端正品格看做是最重要的事情，子女的学习成绩也会很好。父母和子女的交流越多，子女的成绩越好。无论哪个学年和什么学科，经常跟父母探讨学习和前途问题的学生和不常跟父母交流的学生之间的平均分数会有很大差距。

除此之外，评价院还根据学生家长的重视度对小学生各科学习产生的影响做了调查，所有的科目都显示出了同样的结果：“拥有端正品格”比“学习好”或“跟好学生做朋友”产生了更好的影响。

学习固然重要，但是比学习更重要的是孩子拥有正直的人品。反过来说，让孩子“做好人”这句话要比让孩子“学习好”这句话更能促进孩子的成长。只要品行端正，就能正确认识世界。如果人品不正，就会用歪曲的视线看待一切。正如同只有视力好，才能看清楚事物的道理一样，只有睁开心灵的眼睛，才能明辨是非。

能量守恒定律同样适用于子女教育

从地球到太阳的距离是 1.5 亿公里。步行需要大约 4000 年左右，乘坐时速 300 公里的 KTX 高速火车则需要大约 60 年时间。尽管太阳距离我们如此遥远，太阳发生的核聚变反应产生能量，释放出的光和热却能到达地球。到达地球的光通过光合作用变成物质，进入动物和人的体内，转化成为热能，动物和人的身体才能活动。这种由光变成物质，由物质变成热能的过程就叫做能量守恒定律。

冬天，树木只剩下光秃秃的枝干，到了夏天却长出茂盛的树叶，由此可以看到光转化为物质的现象。那些茂盛的叶子究竟从哪儿来？仔细算起来，包含在地下的养分和水分，以及空气中的二氧化碳都起着不可替代的作用，然而最根本的能量之源却是太阳。

家长对于教育的热情和对子女的热爱要比太阳的核聚变更为强烈。只要父母这轮太阳在燃烧，不管处于什么状态，能量都会传递给孩子，转化为热情、耐心、集中力等精神力量，最后结出丰硕的果实。也就是说，能量守恒定律同样适用于子女教育。

有的父母试图用其他物质代替父母的能量。他们希望辅导班或家庭教师能够代替自己发挥父母的作用，然而这是根本不可能的。这样做的效果可能和短时间打开电灯的效果差不多，电灯虽然也能发光，却不具有太阳般的生命力。

有田不耕仓廪虚，
有书不读子孙愚。
仓廪虚兮岁月乏，
子孙愚兮礼义疏。
若惟不耕与不教，
是乃父兄之过欤！

这是唐代大诗人白居易的诗，意思是说孩子学不学习是父母的责任。父母应该教孩子学习的方法，就像父母必须工作，才能在社会上生存一样，孩子也必须学习。父母要告诉孩子为什么学习，帮助孩子养成学习的习惯，提供学习的环境。一分耕耘，一分收获。现在是你努力耕耘孩子的心灵之田，将其培养为国家栋梁的时候了。

流泪撒种的，必欢呼收割。

——《圣经·诗篇》126 篇